U0564365

汽车维护保养

◎主　编　张　翔
◎副主编　王艺萱
◎参　编　龙　帆　王立君　魏子仁

电子工业出版社·
Publishing House of Electronics Industry
北京·BEIJING

内 容 简 介

本书基于工作过程系统化的方法进行编写，通过工作任务融入各个知识点。本书内容主要包括认识汽车维修企业工位安排、向客户介绍汽车、对车辆进行长途行驶前的检查、对车辆进行维护保养 4 个学习单元，主要以上汽大众、华晨宝马等常见车型为例，介绍了维修企业职能，常规维修工具及设备的使用，车辆基本结构与性能参数，车辆维护保养项目及标准。本书配有大量的实景拍摄图片，很好地展示了操作细节。同时，本书对于重点、难点内容配有相应的教学视频，读者扫描相关二维码即可观看，通过图文与视频相结合的方式，提升学习效果。

本书可作为职业院校汽车运用与维修专业学生的学习用书，也可作为培训教材供广大汽车维修从业人员阅读。

图书在版编目（CIP）数据

汽车维护保养 / 张翔主编. —北京：电子工业出版社，2024.3
ISBN 978-7-121-47632-7

Ⅰ．①汽⋯　Ⅱ．①张⋯　Ⅲ．①汽车－车辆修理－职业教育－教材②汽车－车辆保养－职业教育－教材　Ⅳ．①U472

中国国家版本馆 CIP 数据核字（2024）第 068521 号

责任编辑：张镨丹
印　　刷：三河市鑫金马印装有限公司
装　　订：三河市鑫金马印装有限公司
出版发行：电子工业出版社
　　　　　北京市海淀区万寿路 173 信箱　邮编　100036
开　　本：880×1 230　1/16　印张：12.25　字数：282.2 千字
版　　次：2024 年 3 月第 1 版
印　　次：2024 年 3 月第 1 次印刷
定　　价：38.00 元

前 言
PREFACE

党的二十大报告指出，"坚持把发展经济的着力点放在实体经济上，推进新型工业化，加快建设制造强国、质量强国、航天强国、交通强国、网络强国、数字中国。"汽车产业是制造强国的重要组成部分，随着我国家用轿车保有量的不断增加，汽车售后市场得到了迅猛发展，但汽车维修领域存在人才缺口的问题也日益严重。汽车维护保养是汽车售后服务的重要组成部分，随着汽车制造品质的不断提高，汽车新技术、新工艺的不断更新，汽车维护保养工作也面临着新问题与新挑战。在这种形势下，企业对高效、规范地进行汽车维护保养越来越重视，对职业院校提出了更新、更高的要求。

本书以汽车维修企业的典型工作任务和工作情境为载体，基于工作过程系统化理念和活页式理念进行编写。本书在编写内容、体系等方面紧密结合汽车发展的新动态，遵循拓宽知识面、内容新颖的原则，力求做到既方便课堂教学又方便自学。编者通过前期对汽车维修企业的岗位能力进行广泛深入的走访调研，收集了很多企业真实的工作案例，并有机融合汽车维修企业岗位技能要求、全国职业院校汽车机电项目技能竞赛、"1+X"汽车运用与维修职业技能等级证书标准的有关内容，实现了"岗课赛证"的融通，提高了教材的实用性。本书主要内容包括认识汽车维修企业工位安排、向客户介绍汽车、对车辆进行长途行驶前的检查、对车辆进行维护保养4个学习单元，每个学习单元又包含若干个独立的知识和技能。本书的学习单元按照由易到难的顺序排列，每个学习单元也可单独成为一个学习模块，在教学上具有很强的灵活性。

本书由北京市昌平职业学校张翔担任主编并负责统稿和定稿工作，王艺萱担任副主编，龙帆、王立君、魏子仁参与了本书的编写及资源的开发。

由于编者水平有限，书中难免存在疏漏之处，恳请广大读者批评指正。

编 者

目 录
CONTENTS

学习单元 1　认识汽车维修企业工位安排 ·· 001

1.1　学习目标 ·· 001

1.2　情境引入 ·· 001

　1.2.1　情境描述 ·· 001

　1.2.2　任务分析 ·· 003

1.3　知识与技能 ·· 003

　1.3.1　了解汽车维修企业职能 ·· 003

　1.3.2　了解汽车维修企业车间安全规范 ······································ 011

　1.3.3　认识汽车常规维修工具 ·· 017

　1.3.4　汽车举升设备的使用 ··· 021

1.4　计划与决策 ·· 023

　1.4.1　分组制订"汽车维修企业工位安排"工作计划 ·················· 023

　1.4.2　学生小组合作按照任务决策的关键要素完成任务决策 ·········· 024

1.5　任务实施 ·· 024

　1.5.1　进行工位安排 ·· 024

　1.5.2　实施过程评价 ·· 024

1.6　任务评估 ·· 025

　1.6.1　进行工位安排任务评估——工作任务评估 ······················· 025

　1.6.2　进行工位安排任务评估——过程评估 ····························· 025

　1.6.3　进行工位安排任务评估——工作结果评估 ······················· 026

　1.6.4　进行工位安排任务评估——完善和改进工作计划 ··············· 026

1.7　任务反思 ·· 026

　1.7.1　进行工位安排任务反思 ·· 026

　1.7.2　进行工位安排任务思考 ·· 027

汽车维护保养

1.8 单元测试 …………………………………………………………………… 027

1.9 知识拓展 …………………………………………………………………… 031

学习单元 2　向客户介绍汽车 ………………………………………………… 032

2.1 学习目标 …………………………………………………………………… 032

2.2 情境引入 …………………………………………………………………… 032

　2.2.1 情境描述 ……………………………………………………………… 032

　2.2.2 任务分析 ……………………………………………………………… 034

2.3 知识与技能 ………………………………………………………………… 034

　2.3.1 查找车辆信息 ………………………………………………………… 034

　2.3.2 了解汽车类别及主要特性参数 ……………………………………… 041

　2.3.3 认识燃油汽车基本结构组成 ………………………………………… 049

　2.3.4 认识高电压车辆 ……………………………………………………… 063

2.4 计划与决策 ………………………………………………………………… 068

　2.4.1 制订向客户介绍车型的工作计划 …………………………………… 068

　2.4.2 确定任务实施内容及步骤 …………………………………………… 069

2.5 任务实施 …………………………………………………………………… 069

　2.5.1 与同伴共同完成一款实训车的参数介绍 …………………………… 069

　2.5.2 车辆保养实车操作 …………………………………………………… 069

2.6 任务评估 …………………………………………………………………… 070

　2.6.1 任务完成质量检查 …………………………………………………… 070

　2.6.2 完善和改进工作计划 ………………………………………………… 070

2.7 任务反思 …………………………………………………………………… 071

　2.7.1 撰写向客户介绍汽车报告 …………………………………………… 071

　2.7.2 任务总结与思考 ……………………………………………………… 071

2.8 单元测试 …………………………………………………………………… 072

2.9 知识拓展 …………………………………………………………………… 075

学习单元 3　对车辆进行长途行驶前的检查 ………………………………… 078

3.1 学习目标 …………………………………………………………………… 078

3.2 情境引入 …………………………………………………………………… 078

　3.2.1 情境描述 ……………………………………………………………… 078

　3.2.2 任务分析 ……………………………………………………………… 080

3.3　知识与技能 ··· 080
　　3.3.1　认识车辆油液 ·· 080
　　3.3.2　认识汽车轮胎 ·· 094
　　3.3.3　长途行驶前的检查 ··· 108
　　3.3.4　新能源车辆移交检查与保养 ··· 119
3.4　计划与决策 ··· 125
　　3.4.1　制订长途行驶前检查工作计划 ·· 125
　　3.4.2　确定任务实施内容及步骤 ··· 127
3.5　任务实施 ·· 127
　　3.5.1　长途行驶前检查安全注意事项 ·· 127
　　3.5.2　车辆灯光检查实车操作 ·· 128
3.6　任务评估 ·· 132
　　3.6.1　任务完成质量检查 ·· 132
　　3.6.2　工位 5S 检查 ··· 133
　　3.6.3　任务完成安全隐患排查 ·· 133
　　3.6.4　完善改进工作计划 ·· 133
3.7　任务反思 ·· 134
　　3.7.1　撰写对车辆进行长途行驶前的检查报告 ··· 134
　　3.7.2　任务总结与思考 ··· 134
3.8　单元测试 ·· 135
3.9　知识拓展 ·· 137

学习单元 4　对车辆进行维护保养 ·· 138
4.1　学习目标 ·· 138
4.2　情境引入 ·· 138
　　4.2.1　情境描述 ··· 138
　　4.2.2　任务分析 ··· 140
4.3　知识与技能 ··· 140
　　4.3.1　认识汽车维护 ··· 140
　　4.3.2　认识汽车滤清器 ··· 144
　　4.3.3　维护保养 ··· 148
4.4　计划与决策 ··· 177
　　4.4.1　制订对车辆进行维护保养工作计划 ·· 177
　　4.4.2　确定任务实施内容及步骤 ·· 179

汽车维护保养

4.5   任务实施 ·· 179
　4.5.1 对车辆进行维护保养安全注意事项 ································ 179
　4.5.2 车辆保养实车操作 ·· 179
4.6   任务评估 ·· 181
　4.6.1 任务完成质量检查 ·· 181
　4.6.2 工位 5S 检查 ·· 181
　4.6.3 任务完成安全隐患排查 ·· 182
　4.6.4 完善改进工作计划 ·· 182
4.7   任务反思 ·· 182
　4.7.1 撰写对车辆进行维护保养报告 ······································ 182
　4.7.2 任务总结与思考 ·· 183
4.8   单元测试 ·· 183
4.9   知识拓展 ·· 186

学习单元 1

认识汽车维修企业工位安排

1.1 学习目标

素 质 目 标	知 识 目 标	技 能 目 标
1. 建立安全规范意识，严格遵守操作规范。 2. 能够专注学习、独立思考、完成学习任务。 3. 能够主动与他人协作，高效完成工作任务。 4. 能够在 5min 内阅读 200 字文字材料，并正确标记处理文本。 5. 熟悉汽车维修企业资料的处理。 6. 通过小组合作，完成工作任务，初步具有团队合作意识	1. 熟悉工作环境，了解汽车维修企业的经营模式。 2. 了解汽车维修企业的组织结构及其管理机制。 3. 掌握汽车维修企业的工作流程。 4. 熟悉维修企业的团队合作，熟悉环境保护相关知识。 5. 认识汽车维修的常用工具。 6. 能够正确使用劳保用品。 7. 注意操作安全，正确使用举升机举升车辆。 8. 能够为实施检修工作安排工位	1. 熟悉汽车维修企业的工作流程。 2. 熟悉汽车维修企业资料的处理。 3. 正确认识汽车维修工具。 4. 正确使用劳保用品。 5. 正确使用举升机举升车辆

1.2 情境引入

1.2.1 情境描述

吉利同学作为刚刚毕业的汽车运用与维修专业学生来到你所在的维修企业，想要尽快了解企业，熟悉业务，希望自己能够更早地融入企业当中，用自己的技能为企业服务。作为同事的你该如何带他认识维修企业的工位安排呢？

汽车维修企业维修服务工作的实施水平直接体现了企业的经营管理水平，维修服务流程实际上就是维修企业的维修业务管理流程。维修服务流程一般从预约开始，经过维修接待、

维修作业、质量检验、结账、交车到最后的跟踪回访。

1. 作为一名维修企业工作人员，当你遇到新同事向你求助时，应该如何让他尽快了解企业做好工位安排呢？请依据情境描述，编写维修企业工位安排认知活动内容，做好讲给新同事听的准备工作。

维修企业工位安排认知活动内容	

2. 请按照上面编写好的维修企业工位安排认知活动内容进行角色演练，并从着装规范、举止得体等8个方面分别给予评价，5分为完美，1分为差得很远。

评 价 要 素	评 价 等 级	记录能体现优点和不足的具体行为
着装规范	5分□4分□3分□2分□1分□	做得好： 需改进：
举止得体	5分□4分□3分□2分□1分□	做得好： 需改进：
表情诚恳	5分□4分□3分□2分□1分□	做得好： 需改进：
使用礼貌用语	5分□4分□3分□2分□1分□	做得好： 需改进：
表述清晰	5分□4分□3分□2分□1分□	做得好： 需改进：
语言简练	5分□4分□3分□2分□1分□	做得好： 需改进：
专业性强	5分□4分□3分□2分□1分□	做得好： 需改进：
体现出为客户利益考虑	5分□4分□3分□2分□1分□	做得好： 需改进：

附：汽车维修企业平面图（486m^2）

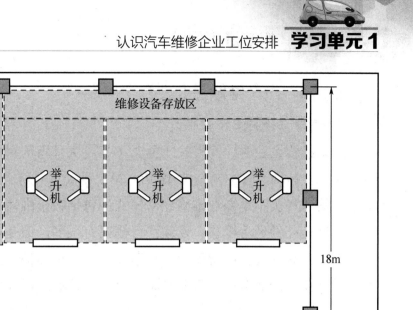

1.2.2　任务分析

对汽车维修企业实施工位安排需要具备下面的能力和条件。

□经营模式　　　□4S 内涵　　　□组织结构　　　　□管理机制　　　□工作流程

□质量管理　　　□保养概述　　　□识别车灯位置　　□新技术新工艺

> 请结合实际情况进行分析，在自己已经具备的能力或条件前的方框内打"√"。

1.3　知识与技能

1.3.1　了解汽车维修企业职能

作为汽车运用与维修专业的毕业生，当我们进入一个新的维修企业时，要熟悉其维修基础，今后我们除了从事车辆维修相关工作，还有可能成为企业的管理人员。了解维修企业的基础知识是非常重要的。通过本节的学习你将了解维修企业的全过程，对今后从事相关领域的工作有一定的帮助。

汽车维修企业（enterprise of vehicle maintenance and repair）是从事汽车维护和修理生产的经济实体。一般包括汽车维护企业、汽车修理企业、汽车专项维修业户、汽车技术状况诊断检测站等。汽车修理厂是专门修理汽车和总成的单位，一般设置在汽车站内部，也是单独企业。

1.3.1.1 汽车维修企业

1. 汽车维修企业经营模式

汽车维修企业的经营模式（见表1-1），大体有五种类型：第一种类型是我们常见的品牌经营模式，品牌经营主要是指4S店。第二种类型是综合经营模式，主要包括一类、二类维修企业。第三种类型是专业维修经营模式，包括钣金维修、发动机维修、自动变速器维修。第四种类型是连锁经营模式。连锁经营模式有很多，但是不同的连锁方式还没有形成很大的规模，现在常见的连锁经营模式有汽车美容、汽车养护、汽车轮胎等。第五种类型是汽车配件销售经营模式，而这种经营模式比较简单，成本比较低，但竞争非常激烈。

表1-1 汽车维修企业的经营模式

类 型	内 容
品牌经营模式	4S店
综合经营模式	一类、二类维修企业
专业维修经营模式	钣金维修、发动机维修、自动变速器维修
连锁经营模式	汽车美容、汽车养护、汽车轮胎等
汽车配件销售经营模式	成本比较低，竞争非常激烈

4S店（见图1-1）是一种"四位一体"的汽车特许经营模式，包括整车销售（Sale）、零配件销售（Sparepart）、售后服务（Service）、信息反馈（Survey）。4S店一般采取一个品牌在一个地区分布一个或相对等距离的几个专卖店，按照生产厂家的统一店内外设计要求建造，投资巨大，豪华气派。4S店这几年在国内发展极为迅速。汽车行业的4S店就是汽车厂家为了满足客户在服务方面的需求而推出的一种业务模式。4S店的核心含义是"汽车终身服务解决方案"。

图1-1 4S店外观

2．汽车维修企业组织结构

任何企业都需要一个完整的组织结构，以便专业而又及时地完成企业经营目标。组织结构可通过对企业目标进行细分而形成。

（1）企业组织结构目标。

企业组织结构通过对人员和资源进行分配以保证任务的顺利完成。它的目的是使投入的各类资源（维修工、设备、材料和时间）能够产生最佳的效果。因此，企业组织结构需要实现下列目标：最佳的经济利润（经济目标）、较高的生产率（技术目标）、在客户群和竞争者中拥有良好的声誉（政策目标）、维修工的福利（社会目标）。

除了考虑经济和社会因素，还必须关注有关环境保护的各种问题。质量部门也会采取各种不同的措施来支持这些目标的顺利达成。

（2）企业组织结构的基本要求。

目标定位：企业管理部门确定的目标（如在一段时期内卖出的新车的数量）需要体现企业的定位。

清晰而又合理：所有企业组织结构的规则都必须能够清晰而又合理地通过口头或其他方式（如通过组织结构图和职责描述）表达出来。

任务分工明确：完成一个任务需要各部门必须根据能力和职责来明确地加以区分各自的任务，如在对车辆进行法定的检测（如废气的排放检测）时。

职责分配明确：每个维修工都必须承担一个明确的职责，如确保工作安全的负责人。

任务的协调：单个任务之间必须存在很好的协调性，如通过规定的职责来协调维修任务的进行。

持续性和机动性：组织结构的各种规则必须存在一定的灵活性，以便适应各种不同的要求，如针对紧急情况下的服务过程。

监控：为了尽可能降低出现错误的概率，必须制定监控工作过程的措施，如由车间负责人进行检查。

（3）企业组织结构范围的判定。

人物：谁执行了工作？

时间：工作被执行的时间。

地点：工作被执行的地点。

资源：工作中所使用的资源。

内容：工作所产生的产品。

方法：工作中所使用的方法。

（4）汽车维修企业的组织结构。

汽车维修企业由管理部门和诸多独立的企业部门组成，如图1-2所示。

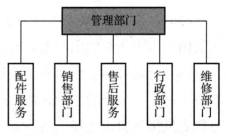

图1-2　汽车维修企业的组织结构

汽车维修企业中的各个部门负责执行各种不同的任务。

管理部门：该部门控制着企业的各个部门。它确定企业的目标和经营策略。它的任务包括引导企业的发展方向、制订计划和建立企业组织结构，以及监管其他各个部门的工作。

配件服务（仓库）部门：该部门管理着备件及配件的库存。它的任务包括定购和保存零件，以及对当前的库存进行维护和管理。同时为维修部门提供备件及配件，或者将其直接销售给客户。

售后服务部门：该部门是客户与维修部门之间的纽带。它为客户提供技术咨询服务，并接收待维修的车辆。而在车辆维修完毕后，它也会将其交还给客户。此外，它还承担着各类保证、承诺和优惠的实施与处置。

维修部门：该部门承担着维修和保养工作。

销售部门：该部门承担着新车和二手车的销售（包括租赁和其他财务方面的安排）工作，并办理车辆在交付之前的手续及最终的交付。此外，该部门还负责二手车的评估和收购工作。

行政部门：该部门主要进行一些业务上的工作。例如，账目管理、与生产商和供货商之间业务的处理、人员处置、薪金结算等管理范畴。

3. 汽车维修企业管理机制

企业的组织结构本身对管理员工的方式并没有详细的要求。管理方式应以实现特定的目标为准绳，如提高产量、降低成本等。

管理部门的管理行为应能够激发员工采用先进方法帮助企业实现其目标。

管理可以描述为对其他人员施加影响以帮助实现既定目标的过程。管理方式使员工认同某种理念的价值，并且激发他们将这种认同感转换为实际的行动。

维修企业管理机制存在以下几种不同的管理风格。

（1）命令式风格。这类风格的特点是上级发出命令或指示，而员工执行它们。这种风格在当今成功的可能性很小。由于不自由的决策空间及有限的责任范围，有能力的员工常常会表示不满。

（2）协作式风格。如今以项目为基准的管理方式依赖于灵活性与协作性（共同行动），既进行任务分配，又在小组间与小组内实现协作。协作式风格的基础是合作型的员工关系，而其行为以实现企业目标为原则。责任被分配，而员工也将以独立的方式进行具有判断性的思考。尽管如此，协作式风格中仍存在上下级的命令关系。

（3）自由选择风格。"让员工自由选择"，这意味着一种几乎完全自由的员工行为方式。决策由个人或小组做出，而管理部门几乎不参与决策的制定过程。

（4）分场合的管理风格。在这种风格中，管理方式寻求与不同的场合相适应。领导风格取决于对各种场合的正确评估及适当回应。在这一规则下，将视不同的场合采用命令式风格、协作式风格及自由选择风格。

4．汽车维修企业工作流程

为了优化工作的处理过程，汽车维修企业的组织结构必须对以下因素进行协调。

工作内容：需要处理什么任务？

工作时间：处理任务需要多长时间？将在什么时候完成？

工作计划：应该采取哪种处理方式？需要哪些备件和修理设备？任务可以划分为哪些步骤？

工作地点：各个步骤需要在哪些部门完成？

对以上任务进行协调后，得到维修工作流程图，如图1-3所示。

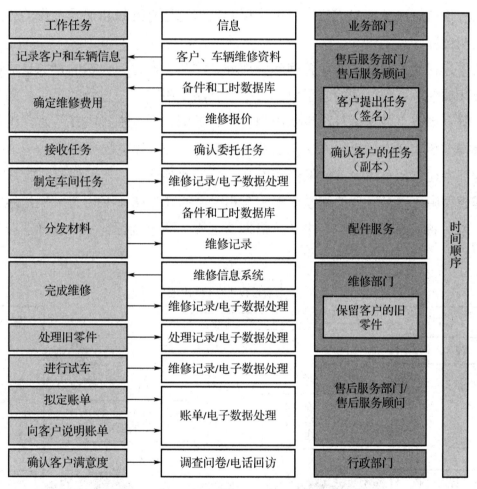

图1-3　维修工作流程图

5．汽车维修过程中的质量管理

质量管理包含企业中用于控制质量等级的所有经过协调的管理活动。质量管理定义了质量策略、质量目标、质量保障、面向过程的质量管理、质量改善。

（1）质量策略。

质量管理包括实现企业的质量策略所需的组织结构、责任分配、完成任务的方法、过程和材料。质量策略由企业管理部门规定，其中表述了企业在质量方面的意图和目标。

（2）质量目标。

质量策略的最终目标主要由企业的管理手册阐述。质量管理的目标包括：充分了解并满足客户的愿望、提高所生产产品和所提供服务的质量、改善企业的组织结构和成本情况、改善员工的培训水平、改善企业在环保方面的表现。

（3）质量保障。

作为质量管理的一个组成部分，质量保障的目的是使客户相信企业能够满足其质量要求。

（4）面向过程的质量管理。

质量管理以企业的价值创造过程为导向。汽车维修企业所创造的价值是通过活动（工作）创造出的经济价值。涉及汽车维修企业中典型的工作过程有维修和保养工作的完成过程，以及零件的采购过程。

针对工作过程的说明成了质量管理的一部分。这些工作过程说明的目的是描述工作过程在特定场合（如任务处理）下的应用范围及操作方法，所有参与过程的员工，如维修工、服务部的员工等，都有义务遵循过程说明中的要点。举例来说，在接收任务时，工作过程的说明描述了获得车辆和客户资料的方法，以及建立任务时必须注意的要点。

质量管理中还包括车间设备的保养和维修、员工的挑选、工作培训及技能鉴定。

在过程模型中，质量管理的基本要素是互相联系的（见图 1-4）。该实例描述了"客户车辆的维修"或"备用零件的采购"中的价值创造过程。两个过程都是质量管理自控体系的组成部分。

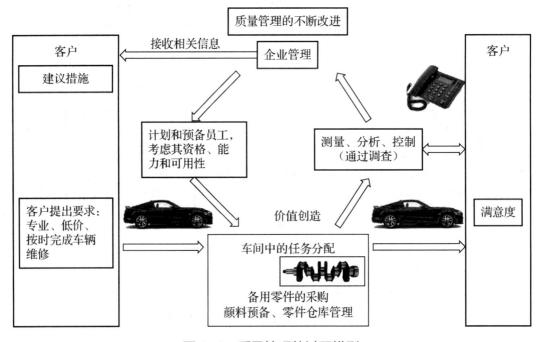

图 1-4　质量管理的过程模型

（5）质量改善。

质量改善理念包括在企业中所有为了企业和客户获得更高利益而采取的措施。质量管理自控体系的运作能够不断改善企业的表现。

1.3.1.2 汽车保养概述

1. 汽车保养

汽车保养是指定期对汽车相关部分进行检查、清洁、补给、润滑、调整或更换某些零件的预防性工作，又称为汽车维护。现在汽车保养主要包含对发动机系统（引擎）、变速箱系统、空调系统、冷却系统、燃油系统、动力转向系统等的保养。

汽车保养的目的是保持车容整洁、技术状况正常、消除隐患、预防故障发生、减缓劣化过程、延长使用周期。

2. 汽车保养两个方面

汽车保养主要有两个方面，一个是由 4S 店提供的强制保养，另一个是车主自己做的一些日常保养。车辆的日常保养关系到车辆的使用寿命和驾驶员乘客的安全。若保养或使用不当会引发车辆故障，带来安全隐患。除了按时到 4S 店进行强制保养，自己还应做好日常的保养工作，这有益于车辆的"健康"。保持汽车良好的行驶状态，得益于精心的日常保养。

3. 汽车保养内容

（1）汽车车漆保养。

汽车车漆保养其实是很复杂的。虽然车漆看起来光滑，但是表面有细小的凹面和孔洞，新车建议要做一次封釉或镀膜处理。一般情况下，镀膜比封釉的效果时间更长一些，封釉效果在 3 个月到半年，镀膜效果在半年以上，建议在一定时间后进行第二次封釉或镀膜。洗车店进行的常规项目就是抛光和打蜡，但是这两个项目要在镀膜或封釉的前提下进行，因为总是打蜡或抛光，等于在消耗漆面的厚度，逐渐地使车漆变薄，失去光泽，出现细小的划痕。

汽车车漆保养需要注意的方面有很多：避免用掸子或干布直接擦拭漆面，用水冲去车表面的灰尘泥土后，用干净的吸水布擦拭干净，切忌冲水后自行风干；停车时应考虑避免阳光长时间照射，尤其是白色漆和非金属漆；减少洗车次数，尽量不要进行车辆打蜡和抛光；注意鸟粪等腐蚀性东西要及时清除；行驶中注意减少去腐蚀性较大的地区，如海边、撒过融雪剂的路面、新铺的柏油马路等；夏天跑完高速后应该及时清洗车辆前部在行驶中撞到的昆虫尸体，如果不及时清理，那么会在很短的时间内将车辆漆面腐蚀。

（2）汽车轮胎保养。

汽车的轮胎、钢圈是最容易脏的部位。所以，对汽车轮胎的保养是非常关键的。在清洗轮胎之前，准备一个把手较长的刷子，如果轮胎并不是太脏，那么用一般的清洁剂清洗就行了，除非真的有太多污垢，那可能就要用专业清洁剂清洗了。

汽车维护保养

经过镀铬镜面处理过的轮圈不能使用刷子刷，会留下很明显的伤痕。镀铬的轮毂一般用海绵清洗，清洗小地方时再考虑用刷子。只要将轮胎及膝部以下部位清洗干净，整辆车看上去就会变得光鲜亮丽。

（3）汽车内饰保养。

许多车主对汽车进行常规养护的时候，外观和重要部件的维护总是特别谨慎小心，偶尔会忽略了车内的洁净度。地绒上、内门板下侧的鞋印、仪表控制板和顶棚的蒙蒙灰尘，就算平时做清洁，但还是需要定期去4S店进行保养。全车内清洗：严格按照除尘、清洁、保养三部曲对仪表控制板、顶棚、后缸平台、座椅、地绒、内门板等进行彻底清洁和全面养护。皮革保护：整套的皮革护理工具，针对不同的部位选用不同的工具。蒸汽杀菌：专业的蒸汽杀菌对车内空气和空调出风口、座椅、地绒等进行全面的高温杀菌。仪表控制板：自行清洁时可用毛刷，每天对仪表控制板、空调进风口、开关、按钮等进行刷拭，清洁后可以喷上一层表板蜡。顶棚：可用车用吸尘器除尘。座椅：对座椅的保养，在座椅外罩上布质椅套，尽量避免食物或液体打翻在座椅上，避免划伤皮革表层。定期用皮革清洁剂和保养剂进行清洁保养。地绒：平时在地绒上铺块脚垫，便于日常的清洁。

（4）汽车功能部件保养。

汽车功能部件的保养项目有很多，分为发动机油量检查、发动机冷却液液面检查、制动液液面检查、离合器总泵液面检查、蓄电池的保养检查、轮胎检查、皮带检查、空气滤清器检查、火花塞检查、汽油滤清器检查等，检查方法在后续的学习单元中会进行具体介绍。

请完成"1.3.1 了解汽车维修企业职能"部分的阅读，并完成下列各题。

（1）请写出汽车维修企业的经营模式。

（2）请说明企业组织结构范围的判定。

（3）4S店是"四位一体"的 _____，包括 _____
_____。

（4）维修企业的管理风格，一般包括哪几类？

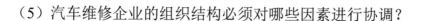

（5）汽车维修企业的组织结构必须对哪些因素进行协调？

（6）请解释汽车保养。

1.3.2　了解汽车维修企业车间安全规范

1.3.2.1　汽车维修工作安全

1. 工作环境的安全

对维修企业车间的一般要求：维修企业建筑布局和结构应当合理，维修工位和车辆通道有合理的搭配，使维修车辆进出方便；配有完善的消防设施、消防安全通道和应急逃生通道。每个维修工位要有足够的面积和高度，一般轿车维修工位的面积不小于 4m×7m，高度不小于4m。机修车间应配备专用汽车尾气排放设备，喷漆车间应配有专用的通风装置，以保证通风良好。

维修企业车间的地面应当采用水泥或水磨石，不要采用光滑的瓷砖地面。采光应当良好，灯光应当齐全，并达到一定的亮度，避免出现死角。维修企业车间应当有合理的供排水系统。维修企业车间应有车辆的专用通道、车辆的移动路线，并设置必要的限速牌、转弯处的反光镜等交通设施。维修企业车间的车辆通道上不要停放车辆，不要摆放任何物品。电力配置合理，插座布局满足要求，配有漏电保护器。

2. 个人安全防护

（1）维修企业应当教育和督促全体人员严格执行本单位的安全生产规章制度和安全操作规程，依法为从业人员办理工伤保险。

（2）维修企业的特种作业人员，必须按国家有关规定经专门的安全作业培训，取得特种作业资格证书，方可上岗作业。在工作场所进行工作时，应当穿戴防护用品，包括护目镜、工作帽、手套、安全鞋和整洁的工作服等，如图 1-5 所示。

（3）维修人员应当接受安全生产教育和培训，掌握安全生产知识，提高安全意识，增强事故预防和应急处理能力。

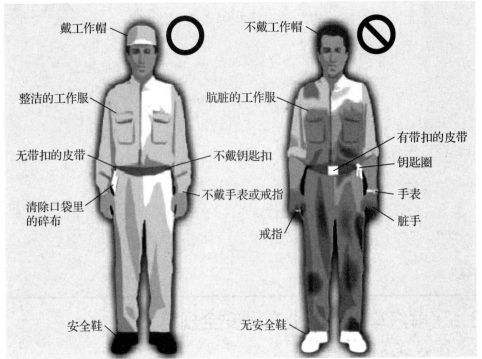

图1-5　维修人员正确穿戴防护用品对比

（4）维修人员应了解作业场所和工作岗位存在的危险因素、防范措施及事故应急措施，及时对维修企业的安全生产工作提出建议。维修人员在维修作业时，应当严格遵守本企业的安全生产规章制度和操作规程，服从管理，正确使用劳动防护用品，如图1-6所示。

图1-6　维修人员正确使用劳动防护用品

（5）维修人员发现事故隐患或不安全因素，应当及时向现场管理人员汇报，接到报告的人员应当及时处理。企业管理人员不得违章指挥，不能违反安全生产法律、法规，侵犯维修人员的合法利益。

（6）搬运重物时要量力而行，确认抓牢物体后贴身用脚力抬升，搬运途中不要扭腰变向，必要时可整个身躯转向。放下重物时要保持物体贴身，挺背弯膝放下，切勿朝前弯腰，扭身放下。利用机械搬运重物时，应当注意机械的承载能力、机械和重物的平衡与稳定。

3. 维修操作过程中的安全

（1）维修手册规定的安全注意事项和操作规程，要求维修人员都要熟知并严格遵守。

（2）当进行车辆检修时，要拔下点火钥匙，防止他人启动车辆。

（3）检修电喷发动机的燃油系统时，必须先对油路进行泄压处理，以防汽油泄漏飞溅到漏电的高压线或高温物体上引起燃烧。检修安全气囊时必须断开蓄电池负极线，拆装安全气囊时必须轻拿轻放。对车身进行电焊作业时，应当断开蓄电池负极线，以防损坏车用计算机。

（4）维修运转状态的发动机时，应注意防止风扇叶片打伤或高温件烫伤人体。发动机水温很高时，不能用手直接打开散热器盖，以防有压力的高温液体烫伤人员。

（5）发动机启动前应检查机油、冷却液是否符合要求；变速杆是否在空挡位置；拉紧驻车制动器。在室内启动应打开门窗，使空气畅通。启动后，应立即切断油路或气路，以免发生"飞车"事故。试验发动机时，维修人员不得在车下作业。

（6）制动系统放气时，应当在放气螺栓上接上专用的储液瓶，以防制动液飞溅损伤眼睛或飞溅到轮胎、油漆上而造成损失。制动系统维修后应进行制动系统放气或踩几脚制动踏板，当制动踏板合适时，方可挂挡行驶。

（7）检修汽车电路时，不可乱拉电线。对于经常烧断熔丝的故障，应当查明故障原因，不可换上大容量的熔丝或用铜丝代替熔丝。

（8）在车下工作时，必须确保汽车支承可靠，使用正确工具或设备支撑汽车。

（9）在烤漆房烤漆时，汽车的烤漆时间一般为 30～40min，温度一般为 60～70℃，防止时间过长或温度过高引起车用计算机损坏或线路老化。

（10）修理油箱需要放油时，周围应严禁烟火，并停止电焊作业。

（11）在装配总成时，要采用正确的操作方法，以免受伤，甚至发生重大伤亡事故。

（12）在运转零件旁边工作时，要始终注意与运转零件的安全工作距离。

（13）拆卸高温高压状态下的零部件时，应先要进行降温降压，以防高温烫伤或高压喷射伤人。

4. 汽车路试安全规则

（1）路试必须由安全意识和驾驶技术好的正式驾驶员担任，不允许未经批准的人员随意移动车辆或试车。

（2）试车前，应检查制动、转向是否齐全有效；风扇叶片、发动机罩未装固可靠，不准进行试车。

（3）仪表和各部件装配不符合要求或工作不正常时，应排除后方可试车。

（4）路试车辆必须有明显的试车标牌。密切注意交通情况，尤其是在测试制动效果时，

务必注意车辆后方情况，并在允许试车的路段上进行行驶。

（5）行驶一段路程后，应停车检查车况，当发现有不正常的情况时，应修复后再继续试车。路试过程中，要密切注意冷却液温度、机油压力等信息，发现异常时立即停车检查排除。

1.3.2.2 安全标志

1. 对安全标志的认识

根据 GB2894—2008《安全标志及其使用导则》可知，安全标志是指用以表达特定安全信息的标志，由图形符号、安全色、几何形状（边框）或文字构成，如图 1-7 所示。

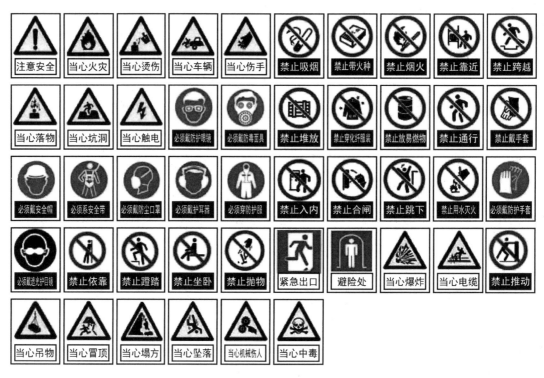

图 1-7 安全标志

安全标志是向工作人员警示工作场所或周围环境的危险状况，指导人们采取合理行为的标志。安全标志能够提醒工作人员预防危险，从而避免事故发生；当发生危险时，能够指示人们尽快逃离，或者指示人们采取正确、有效、得力的措施，对危害加以遏制。安全标志不仅类型要与所警示的内容相吻合，而且设置位置要正确合理，否则难以真正充分发挥其警示作用。

安全标志可分为禁止标志、警告标志、指令标志、提示标志四类，还有对前面四类标志进行补充的补充标志。

（1）禁止标志。

禁止标志的含义是不准或制止人们的某些行动。

禁止标志的几何图形是带斜杠的圆环，其中圆环与斜杠相连，用红色表示；图形符号用黑色表示；背景用白色表示。

（2）警告标志。

警告标志的含义是警告人们可能发生的危险。

警告标志的几何图形是正三角形；图形符号用黑色表示；背景用黄色表示。

（3）指令标志。

指令标志的含义是必须遵守。

指令标志的几何图形是圆形；图形符号用白色表示；背景用蓝色表示。

（4）提示标志。

提示标志的含义是示意目标的方向。

提示标志的几何图形是方形；图形符号及文字用白色表示；背景用绿色表示。

（5）补充标志。

补充标志是对前述四类标志的补充说明，以防误解。

补充标志分为横写和竖写两种。横写的补充标志的几何图形为长方形，写在标志的下方，可以和标志连在一起，也可以分开；竖写的写在标志的上部。

补充标志的颜色：竖写的，均为白底黑字；横写的，用于禁止标志的为红底白字，用于警告标志的为白底黑字，用于带指令标志的为蓝底白字。

2. 安全标志的设置

（1）安全标志应设置在与安全有关的明显地方，并保证人们有足够的时间注意其所表示的内容。

（2）设立于某一特定位置的安全标志应被牢固地安装，保证其自身不会产生危险，所有的安全标志均应具有坚实的结构。

（3）当安全标志被置于墙壁或其他现存的结构上时，背景色应与标志上的主色形成对比色。

（4）对于那些所显示的信息已经无用的安全标志，应立即由设置处卸下，这对于警示特殊的临时性危险的标志尤其重要，否则会导致观察者对其他有用标志的忽视与干扰。

（5）多个标志牌在一起设置时，应按警告、禁止、指令、提示类型的顺序，先左后右、先上后下排列。

3. 安全标志的安装位置

（1）防止危害性事故的发生。所有安全标志的安装位置都不可存在对人的危害。

（2）可视性。安全标志安装位置的选择很重要，安全标志上显示的信息不仅要正确，而且要清晰易读。

（3）安装高度。通常安全标志应安装于观察者水平视线稍高一点的位置，但有些情况置于其他水平位置则是适当的。

（4）危险和警告标志。危险和警告标志应设置在危险源前方足够远处，以保证观察者在首次看到标志及注意到此危险时有充足的距离，这一距离随不同情况而变化。例如，警告不要接触开关或其他电气设备的标志，应设置在其近旁；而大厂区或运输道路上的标志，应设置于

危险区域前方足够远的位置，以保证在到达危险区之前就可观察到此种警告，从而有所准备。

（5）安全标志不应设置在移动物体上，如门，因为物体位置的任何变化都会造成对标志观察变得模糊不清。

（6）已安装好的安全标志不应被任意移动，除非位置的变化有益于安全标志的警示作用。

4. 安全标志的使用

（1）危险标志：只安装于存在直接危险的地方，用来表明存在危险。

（2）禁止标志：用符号或文字的描述来表示一种强制性的命令，以禁止某种行为。

（3）警告标志：通过符号或文字来指示危险，表示必须小心行事，或者用来描述危险属性。

（4）安全指示标志：用来指示安全设施和安全服务所在的位置，并且在此处给出与安全措施相关的主要安全说明和建议。

（5）消防标志：用于指明消防设施和火灾报警的位置，以及指明如何使用这些设施。

（6）方向标志：用于指明正常出口和紧急出口、火灾逃逸和安全设施、安全服务及卫生间的方向。

（7）交通标志：用于向工作人员表明与交通安全相关的指示和警告。

（8）信息标志：用于指示特殊位置的信息，如停车场、仓库或电话间等。

（9）强制性行动标志：用于表示必须履行某种行为的命令及需要采取的预防措施。例如，穿戴防护鞋、安全帽、眼罩等。

5. 安全标志的维护与管理

为了有效地发挥安全标志的作用，应对其定期检查和定期清洗，发现有变形、损坏、变色、图形符号脱落、亮度老化等现象存在时，应立即更换或修理，从而使之保持良好状况。安全管理部门应做好监督检查工作，发现问题，及时纠正。

另外，要经常性地向工作人员宣传安全标志使用的规程，特别是对那些必须要遵守预防措施的人员，当建议设立一个新标志或变更现存标志的位置时，应提前通告员工，并解释其设置或变更的原因，从而使员工心中有数。只有综合考虑了这些问题，设置的安全标志才有可能有效地发挥安全警示的作用。

请完成"1.3.2 了解汽车维修企业车间安全规范"部分的阅读，并完成下列各题。

（1）请写出对工作环境的安全要求。

（2）请写出对个人的安全防护。

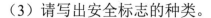

（3）请写出安全标志的种类。

（4）把老师所给出的各类标志进行分类，说一说它们的作用，应该放在哪些地方？

1.3.3 认识汽车常规维修工具

1.3.3.1 常用扳手

日常维修工作中使用的扳手有开口扳手、梅花扳手、活动扳手、扭矩扳手、专用扳手等，具体如图 1-8 所示。

	L形六角扳手		开口扳手
	尖嘴钳		梅开扳手
	一字形螺丝刀		圆头锤
	冲击螺丝刀		活动扳手
	十字形螺丝刀		扭矩扳手
	梅花扳手		套筒工具组

图 1-8　常用扳手

开口扳手的开口常设计成与手柄成 15°、30° 或 60° 夹角。开口扳手适用于不能使用套筒扳手或梅花扳手的地方，因为开口扳手的开口与手柄本身有 15° 的夹角，故在受局限的地方翻转开口扳手，可获得额外的转动空间。在旋松或锁紧螺母时，可使用两支开口扳手，避免零件跟着转动。开口扳手的结构与使用方法如图 1-9 所示。

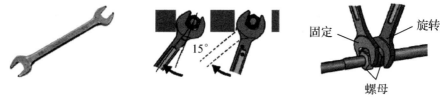

图 1-9 开口扳手的结构与使用方法

梅花扳手应用于螺母和螺栓周围空间狭小，不能容纳普通扳手时，常用来拆装一般标准规格的螺栓和螺母，如图 1-10 所示。

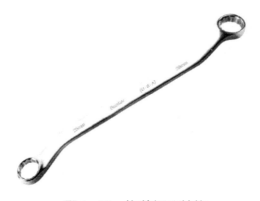

图 1-10 梅花扳手结构

活动扳手是开口大小可调节，拧紧或卸掉不同规格的螺母、螺栓的工具，如图 1-11 所示。应按螺栓或管件大小选用适当的活动扳手，不应套加力管使用，不准把扳手当榔头用。活动扳手应用于非标准的螺栓或螺母，或者用以作为辅助固定的用途。使用时，要调整钳口大小。转动活动扳手的调节螺杆，使孔径与螺栓或螺母头部配合完好。

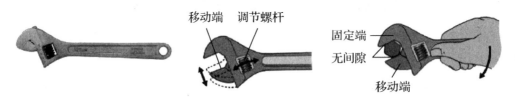

图 1-11 活动扳手及使用方法

扭矩扳手与套筒扳手中的套筒配合使用，是能显示扭矩大小的专用工具。汽车维修中扭矩扳手的常用规格是 0～300N·m，如图 1-12 所示。

图 1-12 扭矩扳手

1.3.3.2　其他常用工具

（1）尖嘴钳，适用于在狭窄的空间操作或夹住小零件。不可以用于扭绞电线或过度用力夹住工件，以避免钳嘴变形或断裂。规格以钳长表示，常用的有 160mm 一种，如图 1-13 所示。

（2）鲤鱼钳，钳头的前部是平口细齿，适用于夹捏一般小零件；中部凹口粗长，用于夹持圆柱形零件，也可以代替扳手旋小螺栓、小螺母；钳口后部的刃口可剪切金属丝，规格以钳长表示，一般有 165mm、200mm 两种，如图 1-14 所示。

图 1-13　尖嘴钳　　　　　　　　图 1-14　鲤鱼钳

（3）钢丝钳，与鲤鱼钳相似，但其支销相对于两片钳体是固定的，故使用时不如鲤鱼钳灵活，但剪断金属丝的效果比鲤鱼钳剪断金属丝的效果要好，规格有 150mm、175mm、200mm三种，如图 1-15 所示。

1.3.3.3　专业工具

（1）活塞环拆装钳如图 1-16 所示。使用活塞环拆装钳时，将活塞环拆装钳上的环卡卡住活塞环开口，握住手把稍稍均匀地用力，使活塞环拆装钳手把慢慢地收缩，环卡将活塞环徐徐地张开，使活塞环能从活塞环槽中取出或装入。

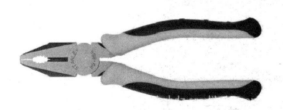

图 1-15　钢丝钳　　　　　　　　图 1-16　活塞环拆装钳

（2）气门弹簧拆装架。它是一种专门用于拆装顶置气门弹簧的工具。使用时，先将拆装架托架抵住气门，压环对正气门弹簧座，然后压下手柄，使气门弹簧被压缩，这时可取下气门弹簧锁销或锁片，慢慢地松抬手柄，即可取出气门弹簧座、气门弹簧和气门等，如图 1-17 所示。

图 1-17　气门弹簧拆装架

（3）千斤顶。它是最常用的简单起重工具，分为机械丝杆式、气压式和液压式，有3000kg、5000kg、9000kg等不同规格，广泛使用的是液压式千斤顶，如图1-18所示。

图1-18　液压式千斤顶

请完成"1.3.3　认识汽车常规维修工具"部分的阅读，并完成下列各题。

（1）请对照课堂给出的工具，按照工具盒里的序号，写出工具名称。

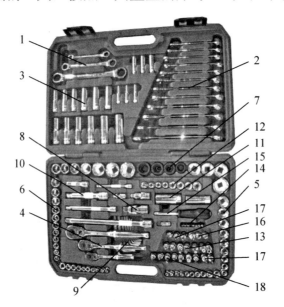

（2）小组间进行工具认知学习，由组长分别抽选不同的组员，对工具盒里的工具进行认知。

（3）开展组内竞赛，组长计时，组员间开展工具摆放练习，组长对大家摆放的结果进行检查。

1.3.4 汽车举升设备的使用

1.3.4.1 车辆防护用品

所有企业的工作始终都面向客户，满足或超过客户的预期，爱护客户的车辆是提高客户满意度的一个重要环节。爱护客户的车辆要使用座椅罩、转向盘罩、地板垫、前罩、翼子板布、车轮挡块。进行维修工作前要先放好车辆防护用品。车辆防护用品的使用如图 1-19 所示。

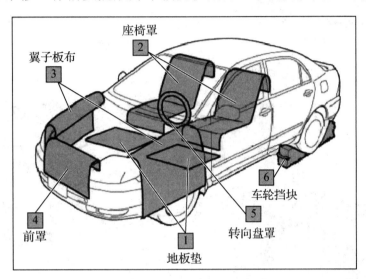

图 1-19　车辆防护用品的使用

在实施维修保养工作前，安装座椅罩、转向盘罩、地板垫、前罩、翼子板布、车轮挡块，防止落上灰尘或划伤，准备开始检查。

驾驶员座椅：依次放上座椅罩、放上地板垫、放上转向盘罩、打开发动机盖（通过拉动发动机盖释放柄）。

车辆的前部：依次打开发动机盖、放上翼子板布、放上前罩、用车轮挡块挡住车轮。

1.3.4.2 举升机的使用

1. 举升机的种类

举升机是汽车保养设备的一种，在汽车维修行业中得到广泛应用。举升机是用于支承在汽车底盘或车身的某一部位，使汽车升降的设备。举升机产品种类较多，提升动力一般有液压和机械两种形式，有的二次举升采用气动。结构类型有单柱式（见图 1-20）、双柱式（见图 1-21）、四柱式（见图 1-22）和小剪式（见图 1-23）等。双柱式举升机有的采用门式结构，有的四柱式举升机作为四轮定位设备配套使用。

举升机一般举升 1t 以上的车辆，为了维修方便，举升高度一般在 100～1970mm。

2. 车辆举升点

汽车在开上升降平台之前必须确保升降平台与汽车底部部件之间有足够空隙。汽车只能在图示举升点上被升起（见图 1-24）。

图1-20　单柱式举升机

图1-21　双柱式举升机

图1-22　四柱式举升机

图1-23　小剪式举升机

　　为了防止损坏，汽车底板一定要使用合适的橡胶中间层。

　　注意：被举升的汽车，只要还有一个驱动轮在地上，就不可以启动发动机和挂挡。汽车底板上的纵梁部分压上了橡胶垫，举升臂只能放在有橡胶垫的地方（见图1-25）。

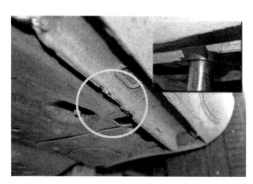

图1-24　汽车举升点

图1-25　举升臂位置

　　由于利用举升机维修汽车的维修人员要在汽车的下面，因此要求举升机一定要安全可靠，否则一旦发生危险，后果就不堪设想。安装基础不牢、自锁装置失效、立柱或拖臂变形、板式链断裂、液压油路爆裂、汽车拖垫打滑等，容易发生汽车坠落事故。因此在使用举升机时，要按照安全操作规范操作。

请在完成"1.3.4 汽车举升设备的使用"部分的阅读，并完成下列各题。

（1）请写出车辆防护用品。

（2）请写出举升机的种类。

（3）举升机在使用过程中有哪些安全注意事项？

1.4 计划与决策

1.4.1 分组制订"汽车维修企业工位安排"工作计划

组别		小组成员	
工作任务			
工作内容			
请根据客户和主管的要求制订小组工作计划，确定工作内容。			
计划审核 （教师）		年　月　日　　签字：	
工作中出现 的问题			

经验总结及 改进措施	

1.4.2 学生小组合作按照任务决策的关键要素完成任务决策

任务决策：与"师傅"进行决策，明确计划可行性。

针对自己的计划与"师傅"进行交谈，从工作任务的时间控制，工作步骤的正确性、规范性和合理性，工作过程的安全性和环保性等方面，考虑厂商的经济效益和工作效率等，并记录决策结果与"师傅"的建议				
请将交谈结果记录在相应内容下空格处				
工作任务的时间控制	工作步骤的正确性、规范性和合理性	工作过程的安全性和环保性	厂商的经济效益和工作效率等	其他内容

1.5 任务实施

1.5.1 进行工位安排

请按照本组制订的工作计划进行工位安排，将存在的问题记录到工作计划的表格中。

序　号	工作计划内容	实施中存在的问题	改　进　措　施
1			
2			
3			
4			
5			
6			

1.5.2 实施过程评价

为客户进行工位安排评价表如下。

序　号	评价内容	评价标准	分　值	得　分
1	工位情况认知	正确认识工位安排流程，做好与相关部门的协调	10分	
2	工具设备准备情况	正确准备好常用工具及内外防护用品。确认工具设备、场地等安全性	30分	
3	车辆防护	独立完成车辆防护工作，并确认内外防护的正确性	10分	

续表

序　号	评价内容	评价标准	分　值	得　分
4	车辆举升	合作完成车辆举升工作，确认举升的安全性，按照操作流程进行操作	30分	
5	团队配合	良好的团队合作意识	10分	
6	表达沟通	能够思路清晰地介绍新能源汽车，并准确回答客户提出的问题	10分	

1.6 任务评估

1.6.1 进行工位安排任务评估——工作任务评估

小组合作完成任务检查，对工作计划进行评估，记录优缺点及改进建议。

请进行工位安排工作计划检查，进行标记，并说明检查结果。

任务实施工作计划检查结果如下。

存在的问题：

处理意见：

改进措施：

1.6.2 进行工位安排任务评估——过程评估

小组合作完成任务检查，对工作过程进行评估，记录优缺点及改进建议。

请进行工位安排工作过程检查，进行标记，并说明检查结果。

任务实施工作过程检查结果如下。

存在的问题：

处理意见：

改进措施：

1.6.3   进行工位安排任务评估——工作结果评估

小组合作完成任务检查，对工作结果进行评估，记录优缺点及改进建议。

请进行工位安排工作结果检查，进行标记，并说明检查结果。

任务实施工作结果检查结果如下。

存在的问题：

处理意见：

改进措施：

1.6.4   进行工位安排任务评估——完善和改进工作计划

请根据实际的工位安排检查工作，完善和改进工作计划（以其他颜色的笔在工作计划上标注和补充即可）。

1.7   任务反思

1.7.1   进行工位安排任务反思

在为客户进行工位安排的工作过程中，针对下表内容进行任务反思。

序　号	项　　目	总 结 内 容
1	单元知识掌握情况	
2	目标达成情况	
3	达成目标的原因	
4	未达成目标的原因	

1.7.2　进行工位安排任务思考

　　在"维修企业工位安排"的学习和工作过程中，初步树立了工作过程系统化思维，形成工作方法，请将你对应本次学习的成果进行记录。

序　号	内　容
在今后学习中要保持的	1. 2. 3. 4. 5.
在今后学习中要杜绝的	1. 2. 3. 4. 5.
在今后学习中要尝试的	1. 2. 3. 4. 5.

1.8　单元测试

项目考核

姓名		成绩	
项目考核开始时间		项目考核结束时间	

认真阅读，完成相应的项目考核内容

（1）请在"师傅"的带领下，绘制完成 XX 汽车修理厂布局图，完成其企业架构图的绘制。此项目与其他项目同时进行，利用未参加实操考核之外的所有时间，在规定的项目考核时间结束前完成。

温馨提示：注意对工作时间的把控，如果耽误时间较多，那么此项工作可能不能按时完成

企业布局图：

汽车维护保养

续表

企业架构图：
（2）完成车辆举升工作的工位安排，并进行车辆举升工作
内容1：进行工作场地安全确认，完成车辆举升工作的准备，并记录。   内容2：请运用举升机将车辆举升到"高位"。根据下面给出的关键词，将有用的关键词按顺序排列并展示。 关键词：安装举升垫、安装三件套（座椅罩、转向盘罩、地板垫）、调整举升臂长度、寻找支撑点、确认支撑点、操作上升按钮、操作下降按钮、操作保险开关、确认车辆稳定性。   内容3：请运用举升机将车辆下降到地面。根据下面给出的关键词，将有用的关键词按顺序排列并展示。 关键词：取走举升垫、取下三件套、取出举升臂、寻找支撑点、确认支撑点、操作上升按钮、操作下降按钮、操作保险开关、确认车辆稳定性。

测试题

一、填空题

1．汽车维修企业（enterprise of vehicle maintenance and repair）是＿＿＿＿＿＿＿＿＿＿的经济实体。

2．4S 店是一种"四位一体"的汽车特许经营模式，包括＿＿＿＿＿＿、＿＿＿＿＿＿、＿＿＿＿＿＿、＿＿＿＿＿＿。

3．使用活塞环拆装钳时，将活塞环拆装钳上的＿＿＿＿卡住活塞环开口，握住手把稍稍均匀地用力，使得活塞环拆装钳手把慢慢地收缩，＿＿＿＿将活塞环徐徐地张开，使活塞环能从活塞环槽中取出或装入。

4．在使用举升机时，要按照＿＿＿＿规范操作。

5．＿＿＿＿＿＿是客户与维修部门之间的纽带。它为客户提供技术咨询服务，并接收待维修的车辆。

6．＿＿＿＿＿＿控制着企业的各个部门。它确定企业的目标和经营策略。它的任务包括引导企业的发展方向、制订计划和建立企业组织结构，以及监管其他各个部门的工作。

7．为了有效地发挥安全标志的作用，应对其定期检查和定期清洗，发现有＿＿＿＿、＿＿＿＿、＿＿＿＿、＿＿＿＿、亮度老化等现象存在时，应立即更换或修理，从而使之保持良好状况。

8．汽车保养是指定期对汽车相关部分进行＿＿＿＿、＿＿＿＿、＿＿＿＿、＿＿＿＿、＿＿＿＿或更换某些零件的＿＿＿＿工作，又称为汽车维护。

9．补充标志是对其他标志的补充说明，以防＿＿＿＿。

10．指令标志的几何图形是＿＿＿＿；图形符号用＿＿＿＿表示；背景用＿＿＿＿表示。

二、判断题

1．汽车行业的 4S 店就是汽车厂家为了满足客户在服务方面的需求而推出的一种业务模式。4S 店的核心含义是"汽车终身服务解决方案"。　　　　　　　　（　　）

2．完成一个任务需要各部门必须根据能力和职责来明确地加以区分各自的任务。（　　）

3．千斤顶是最常用的简单起重工具，分为机械丝杆式、气压式和液压式。　（　　）

4．销售部门承担着新车和二手车的销售（包括租赁和其他财务方面的安排），并办理车辆在交付之前的手续及最终的交付。　　　　　　　　　　　　　　（　　）

5．作为质量管理系统的一个组成部分，质量保障的目的是使客户相信企业能够满足其质量要求。　　　　　　　　　　　　　　　　　　　　　　　　　（　　）

6．企业的组织结构本身对管理员工的方式并没有详细的要求。管理方式应以实现特定的目标为准绳，如提高产量，降低成本等。　　　　　　　　　　　　　（　　）

7. 安全标志：用以表达特定安全信息的标志，由图形符号、安全色、几何形状（边框）或文字构成。 （ ）

8. 机修车间应配备专用汽车尾气排放设备，喷漆车间应配备专用的通风装置，不必须保证通风良好。 （ ）

9. 维修车间的地面应当采用水泥或水磨石，也可以采用光滑的瓷砖地面。 （ ）

10. 维修作业时，应当严格遵守本企业的安全生产规章制度和操作规程，服从管理，可以随意使用劳动防护用品。 （ ）

三、单项选择题

1. （ ）管理着备件及配件的库存。它的职责包括定购和保存零件，以及对当前的库存进行维护和管理。同时为维修部门提供备件及配件，或者将其直接销售给客户。

　　A. 配件服务（仓库）部门　　　　B. 售后服务部门

　　C. 管理部门　　　　　　　　　　D. 销售部门

2. （ ）的管理行为应能够激发员工采用先进方法帮助企业实现其目标。

　　A. 管理部门　　　B. 售后服务部门　　C. 维修部门　　　D. 销售部门

3. 汽车的（ ）是最容易脏的部位。

　　A. 轮胎、钢圈　　B. 发动机、轮胎　　C. 座椅、转向盘　　D. 玻璃

4. 维修车间应有车辆的专用通道、车辆的移动路线，并设置必要的限速牌、转弯处的（ ）等交通设施。

　　A. 反光镜　　　　B. 转弯标志　　　　C. 指挥人员　　　D. 转弯提示语

5. 活动扳手是（ ），拧紧或卸掉不同规格的螺母、螺栓的工具。

　　A. 开口大小可调节　　　　　　　B. 开口大小不可调节

　　C. 可以作为锤子等使用　　　　　D. 测量工具

四、多项选择题

1. 汽车维修企业维修服务工作的实施水平直接体现了企业的经营管理水平，维修服务流程实际上就是维修企业的维修业务管理流程。维修服务流程一般包括（ ）。

　　A. 从预约开始　　　　　　　　　B. 经过维修接待、维修作业、质量检验

　　C. 结账、交车　　　　　　　　　D. 跟踪回访

2. 爱护客户车辆要使用（ ）、翼子板布、车轮挡块。进行维修工作前要先放好防护用品。

　　A. 座椅罩　　　B. 转向盘罩　　　　C. 脚垫　　　　　D. 前罩

3. 质量管理系统中还包括（ ）。

　　A. 车间设备的保养和维修　　　　B. 员工的挑选

　　C. 工作培训　　　　　　　　　　D. 技能鉴定

4. 企业组织结构范围的判定包括（ ）内容和方法。

    A．人物   B．时间   C．地点   D．资源

5. 维修人员应当接受安全生产教育和培训，（ ）。

    A．掌握安全生产知识   B．提高安全意识

    C．增强事故预防能力   D．提升应急处理能力

1.9　知识拓展

1. 请参观任意一个汽车维修企业，尝试绘制该汽车维修企业平面图，做好区域划分及标注说明
2. 记录你所参观的汽车维修企业中使用的车辆举升设备的种类、型号、数量

学习单元2

向客户介绍汽车

2.1　学习目标

素 质 目 标	知 识 目 标	技 能 目 标
1. 建立安全规范意识，严格遵守操作规范。 2. 能够专注学习、独立思考、完成学习任务。 3. 能够主动与他人协作，高效完成工作任务。 4. 能够在 5min 内阅读 200 字文字材料，并正确标记处理文本。 5. 能够回答关键问题，并且可以用简单的思维导图进行总结	1. 掌握车辆识别方式。 2. 掌握车辆的组成系统。 3. 了解四冲程发动机工作原理。 4. 识别具有危险性的车辆和组件。 5. 了解新能源汽车的高压部件。 6. 分析车辆装备特征、技术和外观状态	1. 进行车辆识别，借助行驶证采集车辆和客户数据。 2. 系统化地采集二手车的组件、装备特征、技术状态等信息。 3. 进行汽车各系统的基本操作（不能启动车辆）。 4. 进行车辆评估。 5. 识别具有危险性的组件

2.2　情境引入

2.2.1　情境描述

王女士到 4S 店进行咨询，希望销售顾问能对在售车辆进行详细介绍。

1. 作为一名销售顾问，当遇到王女士到 4S 店咨询时，你应该如何进行接待呢？请依据情境描述，编写客户接待话术，做好接待客户的准备工作。

客户维修接待	客　　户

客户维修接待	客 户

2. 请按照上面编好的话术进行角色演练，并从着装规范、举止得体等 8 个方面分别给予评价，5 分为完美，1 分为差得很远。

评 价 要 素	评 价 等 级	记录能体现优点和不足的具体行为
着装规范	5 分□4 分□3 分□2 分□1 分□	做得好： 需改进：
举止得体	5 分□4 分□3 分□2 分□1 分□	做得好： 需改进：
表情诚恳	5 分□4 分□3 分□2 分□1 分□	做得好： 需改进：
使用礼貌用语	5 分□4 分□3 分□2 分□1 分□	做得好： 需改进：
表述清晰	5 分□4 分□3 分□2 分□1 分□	做得好： 需改进：
语言简练	5 分□4 分□3 分□2 分□1 分□	做得好： 需改进：
专业性强	5 分□4 分□3 分□2 分□1 分□	做得好： 需改进：
体现出为客户利益考虑	5 分□4 分□3 分□2 分□1 分□	做得好： 需改进：

附：客户任务工单

车主姓名		日期	
车型		车牌号	
车架号（VIN 码）			
联系电话			

客户需求描述：

检查维修记录及建议：

	续表
更换零部件记录：	
维修人：	质检员：

2.2.2 任务分析

进行置换车辆需要具备以下条件。

□车辆信息查找　　□了解车辆类型　　□环车检查　　□检查车身状态
□检查发动机状态　□检查底盘状态　　□检查电气设备　□检查新能源汽车状态

请结合实际情况进行分析，在自己已经具备的能力或条件前的方框内打"√"。

2.3 知识与技能

2.3.1 查找车辆信息

2.3.1.1 车辆识别代码

1. 车辆识别代码的意义和作用

VIN 是英文 Vehicle Identification Number（车辆识别代码）的缩写，也是汽车的"身份证"，如图 2-1 所示。VIN 码由 17 位字母和数字组成，包含了世界制造厂识别代号、车辆特征代号、生产年份代号等信息，能够一一对应每辆车，具体含义如图 2-2 所示。一般用于查询车辆生产信息、登记信息、维修记录等。我国轿车的 VIN 码大多可以在仪表板左侧、风挡玻璃下面找到。

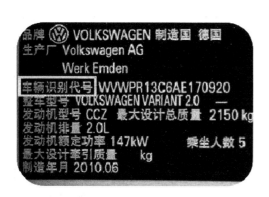

图 2-1　汽车铭牌

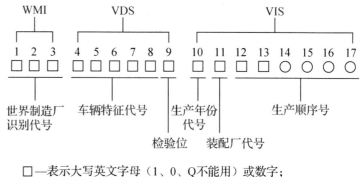

□—表示大写英文字母（1、0、Q不能用）或数字；
○—代表数字

图 2-2　汽车 VIN 码

2. VIN 码的组成

（1）世界制造厂识别代号（WMI）。

VIN 码的前三位代表了汽车的制造厂信息。

① 第 1 个字码：地理区域代码，如 1~5 代表北美，S~Z 代表欧洲，6、7 代表大洋洲，A~H 代表非洲，J~R 代表亚洲，8、9 和 0 代表南美洲等。

② 第 2 个字码：汽车制造商，代码具体含义如表 2-1 所示。

表 2-1　汽车制造商代码

代码	制造商	代码	制造商	代码	制造商
1	雪佛兰	B	宝马	M	现代
2	庞蒂亚克		道奇		三菱
3	奥兹莫比尔	C	克莱斯勒		水星
4	别克	D	梅赛德斯奔驰	N	英菲尼迪
5	庞蒂亚克	E	鹰牌		日产
6	凯迪拉克	F	福特	P	普利茅斯
7	通用汽车加拿大	G	通用	S	斯巴鲁
8	土星		铃木	T	雷克萨斯
	五十铃	H	讴歌		丰田
	阿尔法·罗密欧		本田	V	大众
A	奥迪	J	吉普		沃尔沃
	捷豹	L	大宇	Y	马自达

注：G=所有属于通用汽车的品牌：别克、凯迪拉克、雪佛兰、庞蒂亚克等。

③ 第 3 个字码：代表汽车类型，有些制造商可能使用前 3 位组合代码表示特定的品牌，具体如表 2-2 所示。

表 2-2　汽车类型代码

代码	品牌	代码	品牌
TRU/WAU	奥迪	1YV/JM1	马自达
4US/WBA/WBS	宝马	WDB	奔驰
2HM/KMH	现代	VF3	标致
SAJ	捷豹	WP0	保时捷
SAL	路虎	YV1	沃尔沃

（2）车辆描述部分（VDS）。

VIN 码的第 4~8 位是车辆特征代号，表示车辆的类型和配置。第 9 位是校验位，以 0~9 或 X 表示。

（3）车辆指示部分（VIS）。

VIN 码的第 10~17 位，制造商为了区别每辆车而制定的一组字符。VIS 一般包含以下信息。

① 第10位：代表车辆生产年份，用字母或数字表示，不能为数字0、字母O、Q、I、Z。具体如表2-3所示。

表2-3　生产年份

代　码	年　份	代　码	年　份	代　码	年　份	代　码	年　份
A	2010	J	2018	T	2026	4	2034
B	2011	K	2019	V	2027	5	2035
C	2012	L	2020	W	2028	6	2036
D	2013	M	2021	X	2029	7	2037
E	2014	N	2022	Y	2030	8	2038
F	2015	P	2023	1	2031	9	2039
G	2016	R	2024	2	2032	A	2040
H	2017	S	2025	3	2033	B	2041

② 第11位：用字母或数字表示车辆装配厂。

③ 最后6位表示车辆的生产顺序号。

2.3.1.2　车辆其他信息

1. 发动机系列号

1—发动机编号；2—发动机代码

图2-3　发动机系列号

发动机号（系列号）的排序及其所含的内容，不同的制造商会有所不同。一般包括发动机型号、生产年月，以及该台发动机从生产线上下来时随机给的系列号。同汽车的VIN码一样，发动机系列号具有唯一性，也是为了使其具有可追溯性，当发动机发现问题或制造商进行调查时便于跟踪，从而取得反馈意见。发动机系列号一般在发动机缸体上，如图2-3所示。

2. 底盘号

底盘号在车身下列位置中可被找到。

（1）在车身前围面板下方，驾驶员脚踏板上边沿（钢印）。

（2）在车身发动机舱内的挡泥板的铭牌上。

（3）前风窗左、右下角。

3. 车辆证明

（1）汽车的来历凭证。

新汽车的来历凭证是指经国家工商行政管理部门验证盖章的机动车销售统一发票（见图2-4）；已转手一次以上的旧汽车来历凭证指经国家工商行政管理部门验证盖章的二手车销

售统一发票；此外，还有因经济赔偿、财产分割等所有权转移，由人民法院出具的具有法律
效力的判决书、裁决书、调解书。

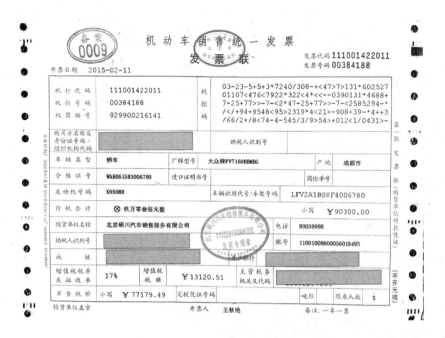

图 2-4　机动车销售统一发票

（2）机动车行驶证。

机动车行驶证（见图 2-5）是由公安车辆管理机关依法对车辆进行注册登记后核发的证件。
它是机动车取得道路合法行驶权的凭证，也是车辆来源合法的证明。来历不正的非法车辆通
常没有机动车行驶证或持有伪造的行驶证。机动车行驶证丢失或损毁的，应向登记地车辆管
理所申请补领、换领。无机动车行驶证或证上的发动机号码、车身号码与车辆上的号码不符
时，不能办理过户手续。

图 2-5　机动车行驶证

（3）机动车登记证书。

机动车登记证书（见图 2-6）是机动车的重要证件之一，相当于机动车的户口本。记录了
机动车的详细信息和历任机动车车主的信息。当机动车的登记信息发生变动时，车主应及时
到车管所办理相关手续；当机动车所有权转移时，原车主应将机动车登记证书随车辆移交给

现车主。

　　无机动车登记证书，不能办理二手车的过户手续。2001 年 10 月 1 日以前购买的车辆须持车主身份证、机动车行驶证等到车管所办理申领机动车登记证书。来历不正的非法车辆通常没有机动车登记证书或持有伪造的证书，如可疑可到车管所核查。

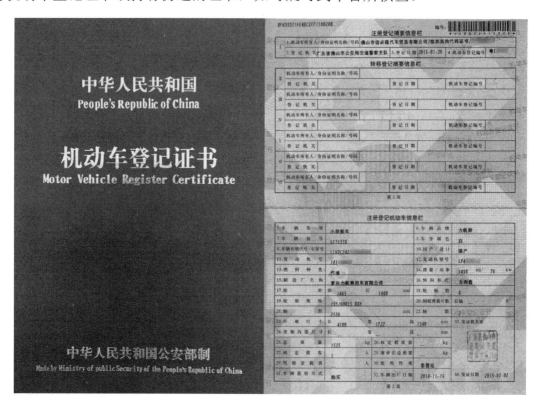

图 2-6　机动车登记证书

　　（4）汽车号牌。

　　汽车号牌由车辆管理机关依法对车辆注册登记后发放，一共有两块，分别悬挂在汽车的前部和后部。其号码应与机动车行驶证及机动车登记证书上的号码一致。根据《中华人民共和国道路交通管理条例》规定，汽车号牌不得转借、涂改和伪造。

　　现在使用的汽车号牌是按 GA36—2018《中华人民共和国机动车号牌》制作的。一般由包含登记机关的汉字简称、英文字母和阿拉伯数字组成。

　　序号编码规则有三种，如下。

　　① 序号的每一位都使用阿拉伯数字。

　　② 序号的每一位可单独使用英文字母，26 个英文字母中 O 和 I 不能使用。

　　③ 序号中允许出现 2 位英文字母，26 个英文字母中 O 和 I 不能使用。

　　汽车号牌在安装方面设有固封装置，对于汽车号牌固封装置有被破坏痕迹的汽车，评估人员要引起必要的注意，查明原因，确认汽车号牌真伪。

　　汽车号牌的识伪：一是看号牌的防伪标记；二是看在光线照射下是否反光，假汽车号牌在阳光下存在颜色偏红或偏黄的情况，正规汽车号牌的字体具有知识产权的独特设计，套牌车的字体往往存在"较瘦"等硬伤，只要细加端详就能发现；三是用手触摸汽车号牌，尤其是周边棱角处，这是判断一辆车是否存在假牌或套牌的重要标志，由于并非一次性成型，假牌四角边缘会有棱角，即使打磨过也难以掩盖痕迹，拆下汽车号牌，其背面会有敲打过的痕迹；四是记下汽车号牌后，到车辆管理部门上网查询车辆登记档案。

（5）车辆购置税完税证明。

车辆购置税由车辆购置附加费演变而来，自 1985 年 4 月起国家委托交通部门向购买新车的车主（无论是个人还是单位）征收车辆购置附加费，以弥补公路建设资金的不足。2000 年 10 月 22 日，国务院颁布《中华人民共和国车辆购置税》，规定从 2001 年 1 月 1 日起，车辆购置附加费改为车辆购置税，税率为计税价格的 10%，一直执行到现在，一般仍然是到各地交通管理部门缴纳。

来历不明的车辆通常没有或持有伪造的车辆购置税完税证明。无车辆购置税完税证明，新车不得办理上牌注册登记手续。车辆购置税完税证明如图 2-7 所示。

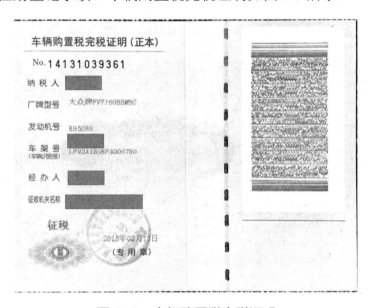

图 2-7　车辆购置税完税证明

（6）汽车保险单。

自 2003 年 1 月 1 日起，汽车保险的险种和费率全国各大地区不再统一，车主可根据车辆的档次、使用条件选择不同的险种，但 2006 年 7 月 1 日前，一定要买第三者责任险，否则新车不能上牌，二手车不能过户。自 2006 年 7 月 1 日起，新增加了机动车交通事故责任强制险，简称"交强险"。无交强险，不得上牌和过户，但过去的商业第三者责任险并未取消，只是税率略有所下调。汽车保险单的价值不能被忽视，评估人员应给予足够重视。机动车商业保险保险单（电子保单）如图 2-8 所示。

汽车维护保养

中国保险监督管理委员会监制 限在广东省销售

投保确认码：

投保验证码回填时间：
收费确认时间：2019-08-08 10:19
生成保单时间：2019-08-08 10:17

机动车商业保险保险单（电子保单）

单证查验

EEDAAZ0015ZA2

PICC 中国人民保险
中国人民财产保险股份有限公司

粤：440019001

保险单号：PDAA20194

鉴于投保人已向保险人提出投保申请，并同意按约定交付保险费，保险人依照承保险种及其对应条款和特别约定承担赔偿责任。

被保险人 吴

保险车辆情况	号牌号码	粤AE22	厂牌型号		庚			
	VIN码/车架号	LVCD22484G234G35		被密码	发动机号	C		
	核定载客	5 人	核定载质量	0.000 千克	初次登记日期	2019-08-01		
	使用性质	家庭自用汽车	年平均行驶里程	10000.00 公里	机动车种类	客车		

承保险种	不计免赔	费率浮动(+/-)	保险金额/责任限额	保险费（元）
机动车损失保险	是	-315.69	208800.00	2841.19
盗抢险	是	-114.31	208800.00	1028.81
第三者责任保险	是	-201.20	1000000.00	1810.80
车上人员责任险（司机）	是	-4.20	10000.00/座*1座	37.80
车上人员责任险（乘客）	是	-10.80	10000.00/座*4座	97.20
玻璃单独破碎险（国产）	否	-41.76		375.84
自燃损失险	否	-25.06	208800.00	225.50
发动机涉水损失险	否	-15.78		142.06
不计免赔率		-102.64		923.81

特别提示：除法律法规另有约定外，投保人拥有保险合同解除权，涉及（减）退保保费的，退还给投保人。
本保单投保人为：

保险费合计（人民币大写） 柒仟肆佰捌拾叁元零壹分 （¥ 7,483.01 元）

保险期间 自2019年08月09日0时起至2020年08月08日24时止

| 特别约定 | 1. 中介机构：潮州市潮安区彩塘镇塘三王汽修厂；销售人员姓名：李荣昌，执业证号：
2. 医药费用标准本保险涉及当事人的交通创伤治疗的医药费用标准，参照《交通事故人员创伤临床诊疗指南》和国家基本医疗保险标准有关规定执行。
3. 保险人已向投保人、被保险人明确告知，理赔时将严格按照本保单所列的初次登记日期或已使用年限确定被保险车辆的折旧率和实际价值。
4. 保险车辆发生全部损失的，遭受损失后的残余部分，经双方商定后进行处理。如折归被保险人的，由双方协商确定其价值，从赔款中扣除。
5. 承保信息查询、理赔服务及车主权益详情，请关注绑定【广东人保财险】官方微信公众号。
6. 保险期间内，如发生本保险合同约定的保险事故造成被保险车辆损失或第三者财产损失，保险人可采取实物或修复方式进行保险赔付。 |
|---|---|

保险合同争议解决方式 诉讼

| 重要提示 | 1. 本保险合同由保险条款、投保单、保险单、批单和特别约定组成。
2. 收到本保险单、承保险种对应的保险条款后，请立即核对，如有不符或疏漏，请及时通知保险人并办理变更或补充手续。
3. 请详细阅读承保险种对应的保险条款，特别是责任免除、免赔率与免赔额、投保人被保险人义务、赔偿处理、通用条款等。
4. 被保险机动车因改装、加装、改变使用性质等导致危险程度显著增加以及转卖、转让、赠送他人的，应通知保险人。
5. 被保险人应当在保险事故发生后及时通知保险人。 |
|---|---|

保险人	公司名称：中国人民财产保险股份有限公司潮安支公司建功营销服务部	公司地址：
		联系电话：95518 网址：www.epicc
	邮政编码：521000	签单日期：2019-08-08 （保险人签章）

核保：邓冠华 制单：12126099

根据税务部门有关规定，办理批减退保等保费信息业务变更需提供原保险费发票（电子发票提供打印件即可），请妥善保管发票。

图 2-8 机动车商业保险保险单（电子保单）

地方性法规规定交纳的各种税费缴纳凭证，如广州市上牌的车辆必须购买路桥通行年票，一些营运车辆的准运费、公路客运附加费、出租车的经营权投标费等名目繁多，金额每年从几百元到十几万元不等。这些车辆进入二手车市场成交后，如果新车主仍然在同一地域以同一用途使用该车，则评估人员应考虑这部分费用的价值，假如原车主有拖欠，则对车辆的最终评估值无疑是有影响的。

请在完成"2.3.1 查找车辆信息"部分的阅读，并完成下列各题。

（1）请说出车辆识别代码的意义和作用。

（2）车辆识别代码可在哪些地方找到？

（3）车辆识别代码第 10 位是生产年份代号。（　　）

（4）二手车的手续检查包括哪些？

2.3.2 了解汽车类别及主要特性参数

2.3.2.1 汽车类型分类

1. 按汽车国标分类

汽车分类的国标 GB/T15089—2001，在按汽车用途划分的基础上，建立了乘用车和商用车概念，尤其是在轿车的划分上改革较大，解决了管理和分类的矛盾，是和国际接轨的标准。

（1）乘用车：在其设计和技术特性上主要用于载运乘客及其随身行李和/或临时物品的汽车，包括驾驶员座位在内最多不超过 9 个座位，具体分类如表 2-4 所示。

表 2-4　乘用车分类

乘用车	普通乘用车	车身封闭，车顶固定，至少 2 排座位，2 个或 4 个侧门
	活顶乘用车	车身为具有可开启式的固定侧围框架，车顶为硬顶或软顶
	高级乘用车	车身封闭，前后座有隔板，车顶固定，4 个或 6 个侧门
	小型乘用车	车身封闭，后部空间较小，2 个或 2 个以上座位，至少一排，2 个侧门
	敞篷车	车身为可开启式，第一个位置遮覆车身，第二个位置车顶卷收或可拆除
	舱背乘用车	车身封闭，4 个或以上座位，后座椅可折叠或移动，车身后部有舱门
	旅行车	车身封闭，车内空间大，座椅一排或多排可拆除，或者有向前翻倒的座椅靠背
	多用途乘用车	除以上 7 种外的只有单一车室载运乘客及其行李或物品的乘用车
	短头乘用车	一半以上的发动机长度位于车辆前风窗玻璃最前点以后
	越野车	所有车轮同时驱动，几何特性、技术特性允许在非道路上行驶
	专用乘用车	运载乘员或物品并完成特定功能，包括旅行车、防弹车、救护车、殡仪车等

（2）商用车：在设计和技术特性上用于运送人员和货物的汽车，并且可以牵引挂车。商用车包含了所有的载货汽车和 9 座以上的客车，分为客车、货车、半挂牵引车、客车非完整车辆和货车非完整车辆，共 5 类。

2. 按汽车用途分类

（1）SUV。

SUV 全称是 Sports Utility Vehicle，即运动型多功能车，最早起源于美国，是由皮卡底盘上发展而来的四轮驱动厢式车。SUV 一般前悬架采用轿车型的独立悬架，后悬架为非独立悬架，离地间隙较大，有较大的乘用空间。所以 SUV 不仅具备轿车的舒适性，还具有越野性和安全性，并有运动感，便于日常生活、外出旅行和野外休闲。

（2）MPV。

MPV 全称是 Multi-Purpose Vehicle，即多用途汽车，最早由法国雷诺公司提出。MPV 集旅行车宽大乘员空间、轿车的舒适性和厢式货车的功能于一身，一般为单厢式结构，车内每个座椅都可调整，并有多种组合的方式。近年来，MPV 趋向于小型化，并出现了 S-MPV，车身紧凑，一般为 5～7 座。

（3）RV。

RV 全称是 Recreational Vehicle，即休闲车，相对于商务车，它是一种适用于娱乐、休闲和旅行的汽车，首先指出 RV 汽车概念的国家是日本。RV 的覆盖范围比较广泛，从广义上来讲，除了轿车和跑车的轻型乘用车，如 MPV 及 SUV 都可归属于 RV。

3. 按汽车布局分类

汽车的整体布局是指汽车的各个组成部分在整车中所处的相对位置，按照汽车传动系统布置方式可将汽车整体布局分为 FF 布局（前置发动机前轮驱动）、FR 布局（前置发动机后轮驱动）、MR 布局（中置发动机后轮驱动）、RR 布局（后置发动机后轮驱动）和 4WD 布局（四轮驱动）五大类型，如表 2-5 所示。一个良好的汽车布局方案应该在使各部件工作良好的基础上满足应有的使用功能。

表 2-5　汽车发动机布局及应用

汽车发动机布置	驱动形式	主要应用车型
发动机前置（横置，FF 布局）	前轮驱动	大部分家用轿车
发动机前置（纵置，FR 布局）	后轮驱动	大型轿车，SUV，货车
发动机中置（MR 布局）	后轮驱动	运动车
发动机后置（RR 布局）	后轮驱动	大客车，极少数轿车
4WD 布局	四轮驱动	越野车，高性能运动车

（1）FF 布局。

FF 布局（见图 2-9）的车辆一般是发动机横置在车头，经过变速器直接驱动前轮，这样车辆的动力损耗小，免去了传动轴也增大了车厢空间，减轻了车辆重量。由于发动机、变速器、传动机构等部件都位于前部，FF 布局车辆的直线行驶稳定性特别好，操控性方面具有明显的转向不足特性，抗侧滑能力也比 FR 布局抗侧滑能力强。但 FF 布局车型的驱动轮附着利用率较低，上坡时驱动轮的附着力会减小。前轮的驱动兼转向结构比较复杂，发动机舱内布局拥挤，这是大型轿车不采用发动机 FF 布局的主要原因，所以 FF 布局是目前绝大部分微、小、中型轿车采用的布局方式。

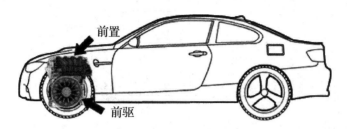

图 2-9　FF 布局

（2）FR 布局。

早期的汽车绝大部分采用 FR 布局（见图 2-10），现在主要应用于中、高级轿车。FR 布局中的发动机一般纵置于车头，经过传动轴驱动后轮。它的优点是轴荷分配均匀，操控稳定性比较好，有较好的加速性能，车辆轮胎的附着利用率高，但由于传动部件多，传动系统质量大，贯穿座舱的传动轴占据了座舱的地台空间，影响了脚部空间和乘坐舒适性。

图 2-10　FR 布局

（3）MR 布局。

MR 布局（见图 2-11）的车辆的发动机放置在前、后轴之间，经变速器直接驱动后轮，是跑车偏爱的布局。它将重量大的部件置于车辆中部，轴荷分布均匀，操控性好，转弯时反应特别敏锐。缺点是发动机占去了座舱的空间，降低了空间利用率和实用性。

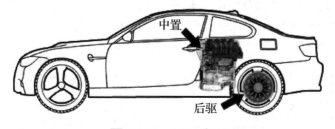

图 2-11　MR 布局

（4）RR 布局。

RR 布局（见图 2-12）中发动机放置在后轴后部，经变速器直接驱动后轮，故起步、加速性能最好。RR 布局的车辆结构紧凑，没有沉重的传动轴，也没有复杂的前轮转向兼驱动结构，早期广泛应用在微型汽车上，现多用于大客车上。RR 布局的缺点是后轴负荷较大，前部重量轻，高速过弯的稳定性差，可能出现甩尾打滑、入弯容易出现转向过度现象。

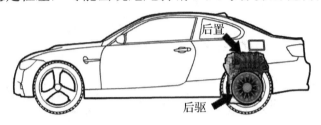

图 2-12　RR 布局

（5）4WD 布局。

无论是前置、中置还是后置发动机，都可以采用四轮驱动布局，即 4WD 布局（见图 2-13）。由于四个车轮均有驱动力，地面附着力最大，通过性和动力性好。但 4WD 布局车辆重量大、占空间，动力传输损失较大，而且前轮同时承担转向和驱动功能，会导致转向不足。为了更好地实现行驶中的安全性和可操控性，随着限滑差速器的普及应用，四轮驱动（四驱）系统已经能够根据不同路况精确地调整转矩在各车轮之间的分配，所以高性能跑车也都会采用 4WD 布局来提高操控性。

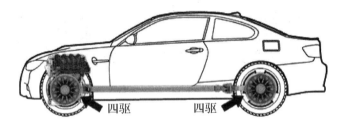

图 2-13　4WD 布局

4. 国产汽车的编号规则

汽车的产品型号由企业名称代号、车辆类别代号、主参数代号、产品序号组成，必要时附加专用汽车分类代号和企业自定代号（见图 2-14）。

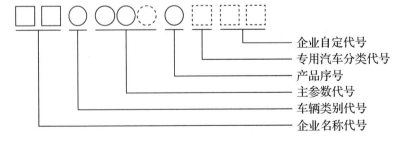

图 2-14　国产汽车的编号规则

（1）企业名称代号：以两个或三个汉语拼音字母表示，如 BJ 代表北京，TJ 代表天津等。

（2）车辆类别代号：用一位数字表示，如表 2-6 所示。

表 2-6 车辆类别代号

车辆类别代号	车辆种类	车辆类别代号	车辆种类	车辆类别代号	车辆种类
1	载货汽车	4	牵引车	7	轿车
2	越野车	5	专用汽车	8	半挂及专用挂车
3	自卸汽车	6	客车		

（3）主参数代号：用两位或三位数字表示汽车的主要性能特征。

① 客车的主参数代号表示车身的长度，以 m 为单位。当车身长度小于 10m 时，应精确到小数点后一位，并以长度值的 10 倍数值表示；当车身长度大于 10m 时，允许用三位数字表示。

② 轿车的主参数代号表示发动机的排量，以 L 为单位，应精确到小数点后一位，并以排量的 10 倍数值表示。

③ 其他各类车辆的主参数代号表示其总质量，以 t 为单位，精确到整数数位。当主参数不足两位时，应以 0 补足。

（4）产品序号：用阿拉伯数字按 0、1、2……表示。0 表示原设计产品或第一代产品，1 表示第一次改型或第二代产品……，依次类推。

（5）专用汽车分类代号：以字母表示专用汽车分类。

（6）企业自定代号：用于区别同一车型结构上的一些差异，可以用汉语拼音或数字表示。如 GD 表示高顶，以示与平顶客车的区别。

汽车编号示例：

CA1091——一汽生产的载货汽车，总质量为 9310kg，第一次改型。

EQ2080——二汽生产的越野车，越野条件下的总质量为 7720kg，第一代产品。

TJ7100——天津生产的轿车，发动机排量为 0.993L，第一代产品。

请完成"2.3.2.1 汽车类型分类"部分的阅读，并完成下列各题。

（1）按汽车国标分类，常见的车辆可划分为＿＿＿＿和＿＿＿＿两类。

（2）完成下表。

汽车发动机布置	驱动形式	主要应用车型
发动机前置（横置，FF 布局）	前轮驱动	
发动机前置（纵置，FR 布局）		大型轿车，SUV，货车
发动机中置（MR 布局）		
发动机后置（RR 布局）		大客车，极少数轿车
4WD 布局	四轮驱动	

2.3.2.2　汽车结构参数与性能指标

1. 汽车的主要特征参数

（1）质量参数。

① 整备质量：汽车完全装备好的质量（不载人或物），包括发动机、底盘和车身、燃料、随车工具和备胎等的质量。

② 总质量：汽车在满载时的总质量，即汽车整备质量与装载质量之和。

③ 最大装载质量：汽车在路况良好的道路上行驶时的最大额定装载质量。客车和轿车一般以乘坐人数表示。

（2）尺寸参数。

汽车的主要尺寸参数有轴距、轮距、车长、车宽、车高、前悬、后悬、接近角、离去角和最小离地间隙等，如图 2-15 所示。

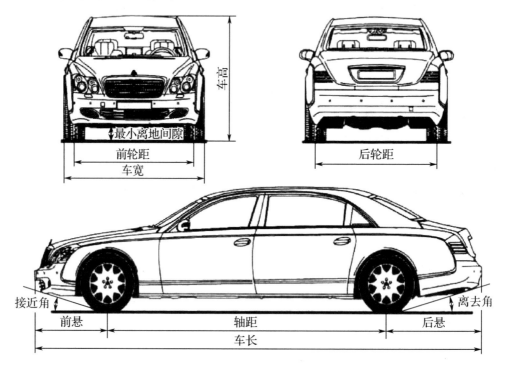

图 2-15　汽车主要尺寸参数

① 轴距是指车轴之间的距离。对于双轴汽车，轴距是指前、后轴之间的距离；三轴汽车的轴距是指前轴与中轴之间的距离和前轴与后轴之间的距离的平均值。轴距小的车最小转弯半径和纵向通过半径也小，会更灵活，但会导致车厢长度不足。

按照轴距分类，车辆可分为微型车、小型车、紧凑型车、中型车、中大型车及豪华车。

② 轮距是指汽车左、右车轮中心间的距离。轮距宽的车辆有更好的横向稳定性和车辆操控性，但轮距宽的车辆相应重量也会增加。

③ 汽车的外廓尺寸是指车长、车宽和车高，一般是汽车长度、宽度、高度方向两个极端点间的距离。

④ 前悬是指汽车前轮中心至车辆前端悬置部分。后悬是指汽车后端至汽车后轮中心悬置部分。

⑤ 接近角是指汽车前端凸出点向前轮引切线与地面的夹角。离去角是指汽车后端凸出点向后轮引切线与地面的夹角。前悬过长会使汽车的接近角过小而影响通过性，后悬过长会使汽车的离去角过小而引起上、下坡时刮地，同时转弯不灵活。

⑥ 最小离地间隙是指车体最低点与地面的距离。最小离地间隙越大，车辆的通过性就越好，不容易在崎岖道路发生底盘剐蹭，但最小离地间隙大也意味着重心高，影响操控性。

2. 汽车的主要性能指标

一般把动力性、燃油经济性、制动性、操控稳定性、行驶平顺性及通过性等作为评定汽车的性能指标。在一定使用条件下，汽车以最高效率工作的能力，称为汽车使用性能。它是决定汽车利用效率和方便性的结构特性表征。

（1）动力性。

汽车的动力性是汽车各种性能中最基本、最重要的性能，主要用以下三个方面的指标来评定。

① 汽车的最高车速：汽车在平坦良好的路面上行驶时所能达到的最高速度。数值越大，动力性就越好。

② 汽车的加速时间：汽车的加速时间体现了汽车的加速能力，常用原地起步加速时间及超车加速时间来表示。它对汽车的平均行驶车速有很大的影响

③ 汽车的爬坡能力：当满载时的汽车所能爬上的最大坡度。

（2）燃油经济性。

汽车的燃油经济性常用一定工况下汽车行驶100km的燃油消耗量或一定燃油量能使汽车行驶的里程来衡量。在我国及欧洲，汽车燃油经济性指标的单位为 L/100km，即汽车行驶100km 所消耗的燃油升数，其数值越小，汽车燃料经济性就越好，汽车就越省油。

（3）制动性。

汽车行驶时能在短距离内减速停车且维持行驶方向的稳定性，在下长坡时能维持一定车速的能力，以及在一定坡道上能长时间停车不动的驻车性能，称为汽车的制动性。

汽车的制动性主要由以下三个方面的性能来评价。

① 制动效能：汽车的制动距离或制动减速度，用汽车在良好路面上以一定初速度制动到停车的制动距离来评价，制动距离越短制动效能越好。

② 制动效能的恒定性：制动器的抗衰退性能，是指汽车在高速行驶下长坡连续制动时，制动器连续制动效能保持的程度。

制动过程中，制动器会产生热能，制动器温度升高后是否能保持冷态的制动效能是制动器的重要性能指标。

③ 制动时汽车的方向稳定性：汽车制动时不发生跑偏、侧滑及失去转向能力的性能。主

流车型均配置 ABS、ESP 等配置就是提高其方向稳定性。

（4）操控稳定性。

汽车的操控稳定性是指在驾驶人不感到过分紧张、疲劳的条件下，汽车能遵循驾驶人通过转向系统及转向车轮给定的方向行驶，且当遭遇外界干扰时，汽车能抵抗干扰而保持稳定行驶的能力。汽车操控稳定性通常用汽车的稳定转向特性来评价。转向特性有不足转向、过度转向和中性转向三种状况。

（5）行驶平顺性。

汽车行驶平顺性是指汽车在行驶过程中，在路面不平等引起汽车振动的情况下，使乘员所处的振动环境保持一定舒适度的性能。这与汽车的底盘参数、车身参数、车轮质量刚度等有密切关系。

（6）通过性。

汽车的通过性是指汽车能以足够高的平均车速通过各种环路和无路地带，以及各种障碍的能力。其主要取决于道路路况、汽车的结构参数和几何参数。

请完成"2.3.2.2 汽车结构参数与性能指标"部分的阅读，并完成下列各题。

（1）请在相应的位置上标注出轴距、轮距、车长、车宽、车高、前悬、后悬、接近角、离去角和最小离地间隙。

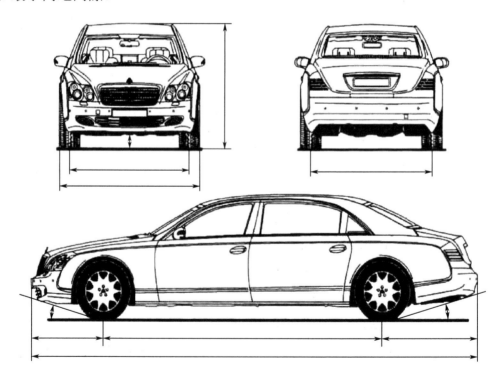

（2）轮距越大，则悬架的宽度越大，汽车的横向稳定性越好。但轮距过大会使汽车的总宽和总质量过大。（　　　　）

（3）汽车的动力性是由_____、_____及_____来评定的。

（4）＿＿＿＿＿＿＿＿常用一定运行工况下汽车行驶 100km 的燃油消耗量或一定燃油量能使汽车行驶的里程来衡量。

（5）汽车的制动性是由＿＿＿＿＿＿＿、＿＿＿＿＿＿＿＿及＿＿＿＿＿＿＿来评定的。

（6）汽车的通过性主要取决于道路路况、汽车的结构参数和几何参数。（　　）

2.3.3　认识燃油汽车基本结构组成

燃油汽车通常由发动机、底盘、车身和电气设备四大部分组成。

发动机是汽车的动力装置，用于提供车辆行驶的动力。底盘是汽车的骨架，用来支撑车身并安装所有部件。车身是保护全体乘员安全、提供舒适环境的场所，同时要为驾驶员提供良好的驾驶条件。电气设备则控制车辆实现点火、照明、辅助控制等功能。

2.3.3.1　汽车发动机结构与原理

发动机是汽车的核心部件，发动机工作的好坏关系到汽车的性能，关系到车辆检查和评估的客观性。发动机将燃料燃烧所产生的热能转变为机械能，也叫作内燃机。

1. 发动机的分类

（1）根据混合气形成及点燃方式分类。

① 汽油发动机。该发动机主要依靠汽油混合气的燃烧来获得动力。汽油发动机中汽油混合气的燃烧需要通过外部点燃（火花塞）。

② 柴油发动机。该发动机能够在气缸内部完成混合气的形成，并使用柴油作为燃料来获得动力。气缸中混合气的燃烧是压燃的。

（2）根据工作原理分类。

① 四冲程发动机：该发动机有一个单独的换气过程，一个动力循环包含 4 个活塞冲程，同时曲轴旋转 2 周。

② 二冲程发动机：该发动机的换气是开放式的，一个动力循环包含 2 个活塞冲程，同时曲轴旋转 1 周。

（3）根据气缸的布置分类。

根据气缸的布置可分为直列式发动机、对置式发动机、V 型发动机、VR 型发动机，如图 2-16 所示。

（4）根据发动机的运动方式分类。

根据发动机的运动方式可分为往复式活塞发动机和转子发动机。

（5）根据冷却方式分类。

根据冷却方式可分为水冷发动机和风冷发动机。

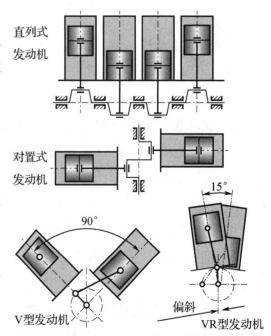

图 2-16　根据气缸的布置分类

2. 发动机的基本术语（见图 2-17）

（1）上、下止点：活塞在气缸内最上、最下的位置。

（2）活塞行程：活塞在上止点和下止点间移动的距离。

（3）冲程：活塞从一个止点运动到另一个止点的过程。

（4）气缸工作容积：在一个冲程中活塞所扫过的空间容积。

（5）气缸总容积：当活塞处于下止点时，活塞上部的空间容积。

（6）燃烧室容积：当活塞处于上止点时，活塞上部的空间容积。

（7）压缩比：气缸总容积与燃烧室容积之比。

（8）排量：多缸发动机的所有气缸工作容积总合。

（9）转速：发动机曲轴每分钟旋转的周数（r/min）。

（10）工作循环：进气、压缩、做功、排气四个连续过程。

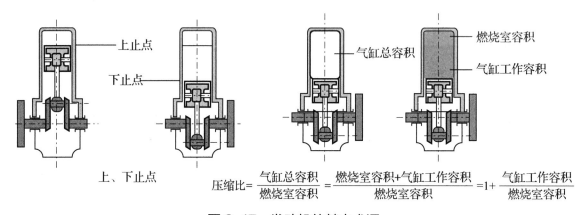

图 2-17 发动机的基本术语

3. 汽油发动机

（1）汽油发动机的组成。

汽油发动机由 4 个主要部分及辅助装置组成，如图 2-18 所示。

① 发动机机体：气缸盖罩、气缸盖、气缸、曲轴箱、油底壳。

② 曲柄连杆机构：活塞、连杆、曲轴。

③ 发动机配气机构：气门、气门弹簧、气门摇臂、摇臂轴、凸轮轴、正时齿轮、正时链或齿形皮带。

④ 混合气形成装置：喷油器，并在进气歧管内或气缸内形成混合气。

⑤ 辅助装置：点火装置、发动机润滑装置、发动机冷却装置、发动机排气装置、启动装置。

（2）四冲程汽油发动机工作原理。

① 单缸四冲程发动机的构造。

四冲程发动机主要由曲轴、连杆、活塞、凸轮轴、火花塞、进气门及排气门等组成。

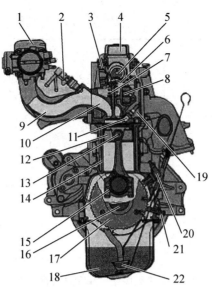

1—节气门体；2—喷油器；3—气缸盖；4—气缸盖罩；5—凸轮轴；6—气门压杆；7—气门；
8—气门间隙调节装置；9—进气管；10—进气歧管；11—火花塞；12—活塞；13—活塞销；
14—带有曲轴箱的气缸；15—连杆；16—曲轴；17—飞轮；18—油底壳；19—排气管；
20—上止点传感器；21—转速传感器；22—油泵集滤器

图 2-18　汽油发动机的结构

② 单缸四冲程汽油发动机的工作原理。

一个完整的工作循环包括进气、压缩、做功和排气，曲轴转动两周完成一次动力循环（720°曲轴转角）（见表 2-7）。

表 2-7　单缸四冲程汽油发动机的工作原理

进气冲程		活塞从上止点到下止点运动致使气缸内部空间变大，气缸内部与外部形成 0.1～0.3bar 的真空吸力。当发动机外部的气压大于气缸中的气压时，进气管中的空气受到压缩。可燃的燃油空气混合气既可以在进气管中形成，也可以在气缸中通过燃油直喷形成。为了保证尽可能多地吸入空气或燃油空气混合气进入气缸，在当曲轴转到离上止点位置还差 45°时，进气门便会开启。当曲轴转到超过下止点以后 35°～90°时，进气门才会关闭
压缩冲程		活塞从下止点到上止点运动，燃油空气混合气的体积被压缩至原先燃烧时体积的 1/7～1/12，直喷式汽油机中压缩的是单纯的空气，开始喷射的时间可以略早于活塞到达上止点之前，此时气体温度上升到 400℃～500℃。由于在高温下不能膨胀，压缩气体的压力会升高至 1.5～2bar，高压燃油进一步雾化，并使之和空气更加混合均匀，这样才能保证第三冲程中混合气的快速充分燃烧。在压缩冲程中，进、排气门均处于关闭状态

续表

做功冲程		在做功冲程中,进气门和排气门均关闭。通过火花塞上的电极导通产生的电火花点燃混合气,在燃烧速率20m/s的情况下,从电极导通到火焰前锋生成的时间间隔大约为1/1000s。因此,火花必须在曲轴转到上止点位置之前0°~40°时开始生成,以便在活塞经过上止点之后(4°~10°曲轴转角)很短时间内,提供最大燃烧压力,高达2500℃的高温气体膨胀驱动活塞向下止点运动,并将热能转化为机械能
排气冲程		在曲轴转动到下止点位置之前40°~90°时,排气门打开,这有利于排气优化并减轻曲轴的负载。通过做功冲程残留下的3~5bar的压力,将高达900℃的高温气体排出气缸。压力波会产生强有力的声波,必须在排气装置中进行声波减振,剩余的废气则随着活塞向上运动,以0.2bar的压差排出。为了优化废气的排放,排气门晚关,排气门在活塞到达上止点之后才会关闭,此时进气门已经打开一段时间。在进气门和排气门同时打开的时段,更有利于燃烧室的排气及冷却,并且能使进气更为充分

③ 二冲程汽油发动机的工作原理。

二冲程汽油发动机的工作原理如图2-19所示。

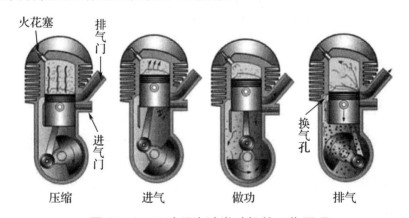

图2-19 二冲程汽油发动机的工作原理

第一冲程中,曲轴旋转带动活塞由下止点向上止点运动,三个气孔都关闭时,进入气缸的新鲜混合气开始被压缩。当活塞继续上行时,其下方曲轴箱内形成真空,当进气门开启时新鲜混合气被吸入气缸。

第二冲程中,当活塞接近上止点时,火花塞产生电火花点燃混合气,燃烧产生的高温、高压推动活塞由上止点向下止点运动。当活塞下行关闭进气门后,活塞下方曲轴箱内的混合气开始被压缩。当活塞下行到排气门打开时,废气在自身的压力下经排气门排出,进气门打开，被预压的混合气进入气缸，并扫除气缸内的废气，直到活塞关闭进气门和排气门。

二冲程汽油发动机在换气时有混合气损失，经济性差，但由于其结构简单、质量轻、制造费用低等优点，被摩托车、微型汽车等小排量发动机采用。

4. 柴油发动机

（1）柴油发动机的结构。

柴油发动机主要是由发动机机体、曲柄连杆机构、发动机配气机构、供油装置 4 部分及辅助装置组成的。其中供油装置包括喷油器、供油泵、燃油滤清器、高压喷射装置；辅助装置有柴油发动机润滑装置、柴油冷却装置等，如图 2-20 所示。

车用柴油发动机的最高转速约为 5500r/min，它能够安装在轿车或轻型载货车上。转速较慢的车用柴油发动机（转速大约在 2200r/min 以下），一般应用于重型载货车上。与汽油发动机相比，柴油发动机的燃油消耗降低了 30%，柴油发动机的工作效率能达到 46%。

图 2-20　轿车的柴油发动机

（2）四冲程柴油发动机的工作原理。

四冲程柴油发动机和四冲程汽油发动机的工作原理基本相同，也是由进气、压缩、做功、排气四个冲程组成的，如图 2-21 所示。曲轴旋转 2 圈完成一个动力循环（720°曲轴转角）。

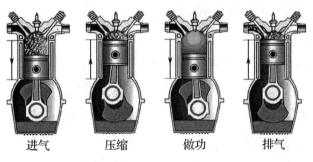

进气　　　压缩　　　做功　　　排气

图 2-21　柴油发动机一个动力循环的四个冲程

① 进气冲程。

活塞向下运动，气缸内部空间变大，气压降低使得气缸内部和外部形成 0.1～0.3bar 的压差。通过外部的较高压力将空气压入气缸，气体的进入不需要节气门调节，因此柴油发动机

不用安装节气门。为了使尽可能多的空气进入气缸，在曲轴转到离上止点位置 25°的曲轴转角的时候，进气门便会开启。当曲轴转至超过下止点位置 25°曲轴转角后才关闭，使之产生进气溢流，此时气缸中空气能被加热到 70～100℃。

② 压缩冲程。

通过活塞向上运动，将气体体积压缩为原先气缸体积的 1/14～1/24，同时空气的温度被加热到 600～900℃。到达此温度后空气温度不再上升，压力上升到 30～50bar。如果发动机带有辅助燃烧室，如涡流室，则必须加大压缩，因为燃烧室表面的增大会导致热能大量损失。在压缩冲程中，进气门和排气门均处于关闭状态。

③ 做功冲程。

当压缩冲程即将结束，曲轴离上止点 15°～30°曲轴转角时，喷油器将高压（电控高压共轨喷射可达到 2000bar）燃油喷射到燃料室中。在热空气中，燃料蒸发成气体并与空气混合，此时压缩气体的温度高于柴油的自燃温度（柴油的自燃温度为 320～380℃），混合气体燃烧。从开始喷油到燃烧开始的这段时间被称为点火延迟。燃烧产生高达 160bar 的压力，驱使活塞向下止点运动，将热能转化为机械能。

④ 排气冲程。

当曲轴转到离下止点 30°～50°的曲轴转角时，排气门就会被打开，这有利于废气的排放及活塞的卸载。此时，做功冲程终点残留的 4～6bar 的压力会将 550～750℃的热废气排出气缸。活塞向上运动，并以 0.2～0.4bar 的压力差将剩余废气排出气缸。排气门略早于或晚于上止点关闭。由于排出的废气温度较低，柴油发动机的热能损失要小于汽油发动机的热能损失（效率更高）。

5. 气缸数

单缸发动机仅做功冲程有动力输出，其余 3 个冲程是靠飞轮惯性维持转动的，所以曲轴的转速是不均匀的，发动机工作不平稳。采用多缸发动机便可解决这一问题，现代汽车用得最多的是四缸发动机、六缸发动机和八缸发动机。

6. 点火顺序

（1）点火顺序：发动机的每个气缸各自的做功冲程之间的运行次序。

（2）点火间隔：发动机在完成一个工作循环的曲轴转角内，每个气缸都应点火做功一次，各缸点火间隔时间以曲轴转角表示，称为点火间隔。气缸数越多，点火间隔越短，发动机运行噪声就越小，输出的转矩就越均匀。

$$点火间隔 = \frac{720°曲轴转角}{气缸数}$$

请完成"2.3.3.1 汽车发动机结构与原理"部分的阅读，并完成下列各题。

（1）发动机根据工作原理可以分为_____、_____两类。

（2）四冲程汽油发动机工作时要经历_____、_____、_____和_____四个冲程。

（3）汽油发动机主要由_____、_____、_____及_____构成。

（4）发动机的冷却方式有_____和_____两种。

（5）二冲程汽油发动机的优缺点是什么？它应用在什么车型上？

（6）柴油发动机混合气的形成不同于汽油发动机，它是在气缸内形成的。（　　）

（7）柴油发动机也有点火系统。（　　）

（8）气缸数越多，点火间隔越短，发动机运行噪声就越小，输出的转矩就越均匀。（　　）

（9）根据四冲程汽油发动机工作原理，完成下表。

行　程	活塞运动	进　气　门	排　气　门	压　力	温　度

2.3.3.2　汽车底盘结构与原理

汽车底盘一般由传动系统、行驶系统、转向系统和制动系统组成。

1. 传动系统

传动系统是将发动机输出的动力传递给驱动轮，并实现减速、增矩等功能。其主要包括离合器、变速器、万向传动装置和驱动桥（含主减速器、差速器和半轴等）。

（1）离合器。

离合器位于发动机和变速箱之间，结构如图 2-22 所示，当驾驶员踩下或松开离合器踏板时，发动机与变速箱就会暂时分离或逐渐接合，以此来切断或传递发动机的动力离合器。用于保证汽车平稳起步，使换挡时工作平顺并防止传动系统过载。

汽车上广泛采用的是摩擦式离合器。当车辆正常行驶时，压盘与飞轮上的摩擦片紧紧贴合，依靠摩擦力实现两者转速相同，以此达到动力输出；当踩下离合器踏板时，拉杆带动压盘向后靠，压盘与摩擦片分离，动力传输中止；当车辆处于半联动状态时，压盘与摩擦片处于滑动摩擦，飞轮转速大于输出轴转速，发动机输出动力部分传输给变速箱。

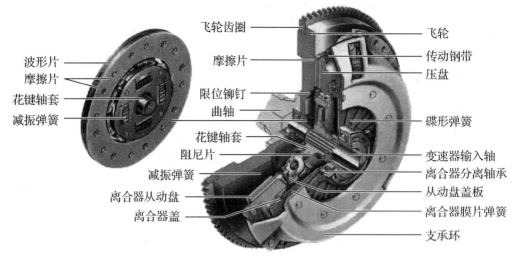

图 2-22　离合器结构

（2）变速器。

变速器是改变来自发动机的转速和转矩的机构，通过改变传动比，来满足不同行驶条件对牵引力的需要，使发动机尽量工作在有利的工况下，满足可能的行驶速度要求。变速器主要由变速传动机构和变速操纵机构两部分组成。

按传动比的变化划分，变速器可分为有级式、无级式和综合式三种。有级式变速器采用确定传动比的齿轮传动，有普通齿轮变速器和行星齿轮变速器两种。无级式变速器的传动比可在一定范围内连续变化，常见的有液力变矩式变速器、机械式变速器和电力式变速器等。综合式变速器的传动比可以在最大值与最小值之间几个分段的范围内进行无级变化。

按操纵方式划分，变速器可以分为强制操纵式、自动操纵式和半自动操纵式三种。

（3）万向传动装置。

万向传动装置一般由万向节和传动轴组成，能够连接不在同一直线上的变速器输出轴和主减速器输入轴，并保证在两轴之间的夹角和距离经常变化的情况下，仍能可靠地传递动力。

（4）差速器。

差速器能够解决转弯时左、右传动轴转速不一致的情况，保证平稳过弯。

2.　行驶系统

行驶系统的作用是保证汽车的正常行驶，能够支撑全车并保证汽车行驶，它由车轮、车桥、车架和悬架等组成。

（1）车轮。

车轮是轮胎和车轴之间的旋转承载件。通常由轮辋和轮辐两个主要部件组成，轮辋是安装和支承轮胎的部件，轮辐是在车轮上的支承部件。

轮胎按组件不同可分为有内胎轮胎和无内胎轮胎。

轮胎按胎体结构不同可分为斜交轮胎和子午线轮胎，如图 2-23 所示。子午线轮胎帘布层帘线排列方向与轮胎的子午断面一致，使其强度得到充分利用，帘布层数可比斜交轮胎的帘布层数减少 40%~50%，具有弹性大、耐磨性好、滚动阻力小等优点，但胎侧易出现裂口。

轮胎的外胎两侧标有规格、结构代号等，轿车轮胎还有速度级别代号，购置和安装轮胎时应予以注意。

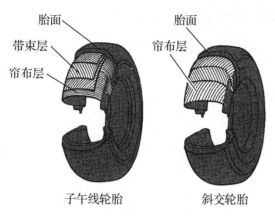

子午线轮胎　　　　斜交轮胎

图 2-23　汽车轮胎

（2）车桥。

车桥通过悬架和车架相连，两端用于安装车轮，并传递车架与车轮间的作用力及其力矩，如图 2-24 所示。

车桥分为整体式和断开式两种。整体式车桥通过悬架支撑车身，通常与非独立悬架配合使用。断开式车桥通过悬架支撑车身，一般与独立悬架配合使用。

图 2-24　汽车车桥

（3）车架。

车架是整个汽车的基体，其作用是支撑连接汽车的各零部件，能够承受汽车的载荷和车轮处的冲击。

（4）悬架。

悬架是车架与车桥或车轮间的一切传力连接装置的总称，能够传递车轮与车架间的力与力矩，减少路面引起的振动，以保证汽车平顺行驶。

3．转向系统

转向系统用于改变汽车的行驶方向，分为机械转向系统和动力转向系统两大类。机械转向系统由驾驶员操纵，有机械的部件配合完成转向的系统；动力转向系统依靠电动机的动力作为主要动力。下面主要以机械转向系统为例进行介绍，它主要由转向操纵机构、转向器和转向传动机构组成。

（1）转向操纵机构。

转向操纵机构是将驾驶员的操纵力传给转向器，由转向盘、转向轴及转向管柱等组成。

（2）转向器。

转向器是完成由旋转运动到直线运动（或近似直线运动）的一组齿轮机构，同时是转向系中的减速传动装置。

（3）转向传动机构。

转向传动机构是将转向器输出的力和运动传给转向桥两侧的转向节，使两侧转向轮按要求的角度关系偏转，以保证汽车转向时各车轮与地面的相对滑动尽量小，如图 2-25 所示。

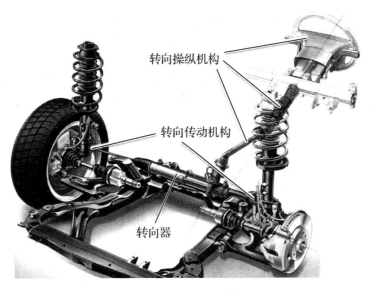

图 2-25　转向传动机构

4．制动系统

制动系统是让行驶中的车辆按驾驶员意图强制减速或停车的装置，包括行车制动装置和停车制动装置。

常见的制动系统分为鼓式制动器和盘式制动器。

鼓式制动器由制动油泵、活塞、制动片和鼓室组成，制动时高压制动液推动活塞，将两片半月形的制动蹄片压紧鼓室内壁，靠摩擦力阻止制动鼓转动，从而达到制动效果。

盘式制动器由制动油泵、制动盘和制动卡钳组成，制动时高压制动油推动制动卡钳内的活塞，将制动蹄片压紧制动盘，从而产生制动效果。

请完成"2.3.3.2 汽车底盘结构与原理"部分的阅读，并完成下列各题。

（1）汽车底盘一般由_____、_____、_____和_____组成。

（2）汽车上广泛采用的是_____离合器。

（3）叙述离合器的作用。

（4）叙述变速器的作用。

（5）行驶系统由_____、_____、_____和_____等组成。

（6）转向系统分为_____和_____两大类。

（7）叙述转向系统的作用和工作原理。

（8）叙述鼓式制动器和盘式制动器的工作原理。

2.3.3.3 车身结构分类与组成

汽车车身能为驾驶员提供便利操作的环境，同时能为乘员提供安全、舒适的乘坐环境。汽车主要包括车身壳体、车门、车窗、前后钣制件、车身附件、车身内外装饰件、座椅，以及通风、暖气、空调装置等。

1. 车身的分类

车身的形式多种多样，其分类的方法也有多种。

（1）按车身承载方式分类。

按车身承载方式分类，车身可分为承载式、半承载式和非承载式三种。

① 承载式车身。

承载式车身的结构特点是没有车架，如图 2-26 所示。车身由底板、骨架、内蒙皮、外蒙皮和车顶等组焊成刚性框架结构，整个车身构件全部参与承载，所以称之为承载式车身。由于无车架，因此也称之为无车架式车身。

承载式车身的汽车没有刚性车架，只是加强了车头、侧围、车尾、底板等部位，发动机、前后悬架、传动系的一部分等总成部件装配在车身上设计要求的位置，车身负载通过悬架装置传给车轮。这种承载式车身除了其固有的承载功能，还要直接承受各种负荷力的作用。经

过几十年的发展和完善，承载式车身无论在安全性还是在稳定性方面都有很大的提高，具有重量小、高度低、没有悬置装置、装配容易等优点，但也会传导振动和噪声，影响乘坐的舒适性。

图2-26　承载式车身

② 半承载式车身。

半承载式车身与车架用螺钉连接、铆接或焊接等方法刚性连接。在此种情况下，汽车车身除了承受上述各项载荷，还在一定程度上有助于加固车架，分担车架的部分载荷。

③ 非承载式车身。

非承载式车身的结构特点是有独立的车架，所以称之为有车架式车身。车身用弹簧或橡胶垫弹性地固定在车架上面，轿车的底盘总成，如传动、驱动、转向及发动机总成等也安装在车架上，因此安装和承载的主体是车架，如图2-27所示。车身只承受所载人员和行李的重量。

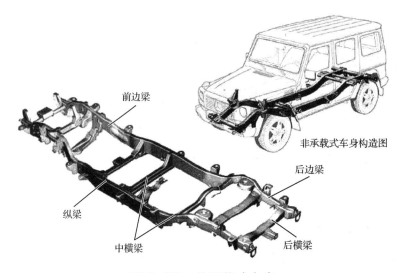

图2-27　非承载式车身

汽车动力系统的振动和从路面上传来的冲击是通过车架传至车身（乘坐区）的，而车架与车身之间为弹性连接，能吸收大部分振动和车架的扭转变形，车身减振性能好。这样汽车所受冲击小、振动小，乘坐的舒适性提高了，车身所受载荷也减少了。

对于非承载式车身，其发动机和底盘总成直接安装在车架上，与车身组装成一体，这给车身的改型和改装带来了方便，且利于维修。

非承载式车身只承受所载人员和行李的重量，不参与承载，所以整车的质量和整车的尺寸增大了，这对整车的动力性、燃油经济性和行驶稳定性有不利的影响。

（2）按车身材料分类。

随着材料科学的发展，车身除传统的钢制车身外，还出现了许多轻金属材料、塑料和钢塑材料等制成的车身。常见的有铝合金车身、镁合金车身、塑料车身和合成材料车身等。

2. 车身附件

（1）车门门锁。

现代轿车普遍采用电控式中央门锁，可以在车内、车外集中控制所有车门，它在车门钥匙上配置无线电发射装置，在车内配置无线电接收装置，构成无线电遥控中央门锁。

（2）刮水器。

刮水器是用于清除玻璃外表面的雨水、雪及灰尘的装置，以保证驾驶人在雨雪天行驶时有良好的视野。

（3）风窗洗涤器。

风窗洗涤器的功用是将清洁的水或洗涤液喷射到风窗玻璃上，在刮水器的作用下，清洗风窗玻璃上的尘土和污物，使驾驶人有良好的视野。风窗洗涤器主要由洗涤液泵、洗涤液罐和喷嘴等组成。

（4）风窗除霜（雾）装置。

风窗除霜（雾）装置的作用是在较冷的季节遇到雨、雪或雾的天气，防止水蒸气在风窗玻璃上凝结成细小的水滴，甚至结冰。一般通过风道向风窗玻璃吹热风或利用电热丝加热实现除霜功能。

3. 车身安全装置

（1）安全带。

安全带是最有效的防护装置，可以大幅度降低碰撞事故造成的伤亡，这一点已被大量使用实践证明。安全带的基本类型有两点式、三点式、五点式等，最常用的是三点式安全带。

（2）安全气囊系统。

安全气囊系统是汽车安全带的辅助装置，只有在使用安全带的条件下，安全气囊系统才能充分发挥保护驾驶员和乘员的作用。安全气囊位于转向盘毂内或仪表板内，在碰撞发生后的极短时间内会迅速冲入氮气起到缓冲作用，从而减轻对驾驶员（或乘员）头部及胸部的伤害。

安全气囊系统主要由传感器、控制器、气体发生器和气囊组件等组成。当传感器检测到发生碰撞后，控制器会对汽车碰撞程度进行判断是否需要打开安全气囊。若碰撞严重，则控制器发出点火指令，迅速产生大量的气体，使气囊膨胀。当人体与气囊接触时，通过气囊的阻尼作用吸收乘员的动能，以此达到保护作用。

请完成"2.3.3.3 车身结构分类与组成"部分的阅读，并完成下列各题。

（1）按车身承载方式分类，车身可分为＿＿＿＿＿、＿＿＿＿＿和＿＿＿＿＿三种，并分析它们的优缺点。

（2）车身附件包括哪些内容？

2.3.3.4　汽车电气设备组成

1. 整车电路的组成

整车电路通常由电源系统、起动系统、点火系统、照明与灯光信号系统、仪表与警报系统、电子控制装置和辅助装置组成。

（1）电源系统。

电源系统由蓄电池、发电机、调节器及工作指示装置等组成，主要用于向整车用电设备提供低压直流电。

（2）起动系统。

起动系统由起动机、起动继电器、起动开关及起动保护电路组成，用于将发动机曲轴转速提高到起动转速。

（3）点火系统。

点火系统是汽油发动机汽车特有的，由点火线圈、高压线、分电器、电子点火控制器、火花塞及点火开关组成，能够将低电压转为高电压点燃气缸中的混合燃气。

（4）照明与灯光信号系统。

照明与灯光信号系统包括前照灯、车内照明灯、雾灯、仪表灯、转向灯、制动灯、倒车灯及有关控制继电器和开关组成的电路。

（5）仪表与警报系统。

仪表与警报系统由仪表、传感器、各种报警指示灯及控制器组成，能够显示汽车运行参数，报警机械故障确保行车安全可靠。

（6）电子控制装置。

电子控制装置由电控燃油喷射系统、自动变速器、防抱死系统等组成。

（7）辅助装置。

辅助装置是为了提高车辆安全性、舒适性、经济性等设置的各种电器装置组成的电路，不同车型设有不同的装置，一般汽车档次越高，辅助装置越完善。

2. 汽车电路特点

（1）单线制。

单线制指电源到用电设备只设置一条导线，这样可以简化电路、节省材料、利于检修。而需要精准电子信号机不能形成可靠回路的线路采用的是双线制。

（2）负极搭铁。

负极搭铁是蓄电池的负极直接与机体连接，减少线路的同时不会产生车身腐蚀。

（3）并联制。

所有低压用电设备均采用并联制，实现电压相同、专用开关控制、互不干扰。

（4）低电压直流。

汽车一般采用 12V 或 24V 的安全电压，其优点是安全。

请完成"2.3.3.4 汽车电气设备组成"部分的阅读，并完成下列各题。

（1）整车电路通常由＿＿＿＿＿＿、＿＿＿＿＿＿、＿＿＿＿＿＿、＿＿＿＿＿＿、

＿＿＿＿＿＿、＿＿＿＿＿＿和＿＿＿＿＿＿组成。

（2）汽车电路的特点是＿＿＿＿＿＿、＿＿＿＿＿＿、＿＿＿＿＿＿及＿＿＿＿＿＿。

2.3.4 认识高电压车辆

高电压车辆主要是指带有高电压供能装置的车辆，常见的有油电混合动力汽车和纯电动汽车。带有高电压的车辆进行维修作业时就要注意高压危险，高压部分只能由专业人员进行维修，以免发生电击。

2.3.4.1 带有高电压的车辆定义

混合动力汽车（Hybrid Electric Vehicle，HEV）是指同时装备两种动力来源——热动力源（由传统的汽油机或柴油机产生）与电动力源（电池与电动机）的汽车。通过在混合动力汽车上使用电动机，使得动力系统可以按照整车的实际运行工况要求灵活调控，而发动机保持在综合性能最佳的区域内工作，从而降低油耗与排放。

纯电动汽车（Battery Electric Vehicle，BEV）是完全由可充电电池（如铅酸电池、镍镉电

池、镍氢电池或锂离子电池）提供动力源的汽车。

2.3.4.2 辨别高电压车辆

混合动力汽车和纯电动汽车与其他车辆在外观上没有明显的区别，所以无法从外观上直接判断，但是现在市面上的车型不是很多，可以通过对该部分车型的了解来辨别。

辨别高电压车辆的两种有效方式：一是查看该车的铭牌及结构，混合动力汽车和纯电动汽车会有动力电池和电动机的参数，发动机舱的内部结构会与传统的内燃机的结构有区别，其主要是有电动机，且纯电动汽车没有排气尾管。二是和客户做好沟通，要求客户提供该车的相关信息。

部分标识会帮助我们从汽车外观上判断，图 2-28 中是混合动力汽车 HYBIRD 和纯电动汽车 EV，但这种方式只能作为参考，不同厂家的标识方式可能不一样。

图 2-28　新能源汽车标识

2.3.4.3 高压部件分类

高电压车辆使用电作为动力源时就需要用高电压驱动电动机工作，这个电压一般为几百伏，远远超过了人体能承受的安全电压。如果非专业人员没有安全防护，那么有可能造成电击危害，所以有必要识别高压部件，高电压车辆的高压部件一般由高压线束连接，高压部件上面会贴有标识，高压线束为显眼的橙色，如图 2-29 所示。

图 2-29　高压线束

1. 高压线束

整车一般分为 5 段高压线束。

（1）动力电池高压线束：连接动力电池到高压盒之间的线束。

（2）电动机控制器线束：连接高压盒到电动机控制器之间的线束。

（3）快充线束：连接快充口到高压盒之间的线束。

（4）慢充线束：连接慢充口到车载充电机之间的线束。

（5）高压附件线束（高压线束总成）：连接高压盒到 DC/DC、车载充电机、空调压缩机、空调 PTC 之间的线束。

2. 高压部件

高压部件包括动力电池、电动机、电动机控制器、车载充电机等，如图 2-30 所示。

图 2-30 车辆高压部件

（1）动力电池：为车辆提供高压电源，如图 2-31 所示。

图 2-31 动力电池

（2）电动机：将动力电池的电能转换为机械能，驱动车辆，如图 2-32 所示。

（3）电动机控制器：控制电动机工作。

（4）车载充电机：用于给动力电池充电。

图 2-32　电动机

2.3.4.4　高压安全注意事项

（1）严禁非专业人员对高压部件进行移除及安装。

（2）未经过高压安全培训的维修人员，不允许对高压部件进行维护。

（3）车辆在充电过程中不允许对高压部件进行移除、维护等工作。

（4）对高压部件进行作业前，必须确认车辆钥匙处于 lock 挡位，并将 12V 电源断开。

（5）高压部件打开后或插头断开后，使用万用表对其电压进行测量，电压在 36V 以下才可以进行下一步操作。

2.3.4.5　电能用作汽车能源的主要问题

1．能量密度低

由于蓄电池能量密度低，为了保证必要的行驶里程，就要装备庞大、笨重的蓄电池组，既占空间，又影响有效装载。若减少蓄电池组，则必然会使行驶里程缩短，又影响动力性。为此，常常采用折中的方案，结果几方面都不理想。总的说来，高能量密度蓄电池技术尚有待突破。

2．充电时间长

蓄电池充电一般需要 6～10h，上班族可以利用下班后夜里不用车的空闲时间给电动汽车充电，这虽不失为解决问题的一个办法，但毕竟是一种无奈的选择。根本方法是研究出一种实用的快速充电技术。目前，已有多种快速充电蓄电池研制成功，并且已经实现商业化。

3．成本高

蓄电池及电动机控制器价格昂贵是电动汽车成本高的主要原因。另外，蓄电池寿命短，折旧费用高。

以上主要问题针对的是蓄电池电动汽车。

2.3.4.6　电能在汽车上的应用前景

电能作为汽车的能源，有许多突出的优点，但也存在一些无法回避的突出缺点。制约电动汽车发展的主要因素是能量密度和充电时间这两大技术因素。燃料电池电动汽车和混合动力电动汽车的发展从一定程度上克服了电动汽车的主要缺点。预计在 10 年内，电动汽车将从实验车型成长为真正的商品，并成为汽车市场上的一个活跃品种。到 21 世纪中叶，电动汽车将成为汽车的主要品种之一。

请完成"2.3.4 认识高电压车辆"部分的阅读，并完成下列各题。

（1）高电压车辆主要是指带有高电压供能装置的车辆，常见的有_____和_____。带有高电压的车辆进行维修作业时就要注意高压危险，高压部分只能由_____进行维修，以免发生电击。

（2）叙述混合动力汽车与纯电动汽车的区别。

（3）辨别高电压车辆的方法。

（4）识别高电压组件。
在以下图片中序号处填写括号内相应的名称。
（动力电池　　电动机　　车载充电机　　电动机控制器　　高压线束）

1.　　　　　　　　　　　　2.

3.　　　　4.　　　　5.

2.4 计划与决策

2.4.1 制订向客户介绍车型的工作计划

请回顾任务情境，应用本单元学到的知识和技能，制订向客户介绍车辆的工作计划，为实操做准备。

介绍车辆工作计划

客户需求描述：

人员分工：	
服务顾问：	
信息收集员：	

任务计划完成时间：_____分钟	任务实际完成时间：_____分钟

一、车辆基本信息

车辆品牌型号	
VIN 码及其含义	
发动机号	
车辆证明	

二、车辆配置

车辆类型	
汽车外观参数	
车身类型	
悬架类型	

三、车辆性能

发动机布局	
发动机参数	
最高车速	
加速时间	
油耗	
制动性	

四、维修建议

2.4.2 确定任务实施内容及步骤

请向客户/销售顾问展示工作计划，确认任务计划的可实施性，征询他们的意见和建议，并修订工作计划（包括内容是否有遗漏、话术是否合适、语言是否专业规范、逻辑是否顺畅）。

展示对象：□客户　　□销售顾问

工作计划展示的顺序及要点（用关键词的方式书写）：

客户/销售顾问的意见和建议：

工作计划的可实施性：　　□可以实施　　　□不可以实施

建议：

2.5 任务实施

2.5.1 与同伴共同完成一款实训车的参数介绍

带领客户来到实训车旁，布置好车内外防护，向客户介绍车辆性能参数，并回答客户问题。

2.5.2 车辆保养实车操作

请严格按照工作计划进行实车操作，做好操作记录。

1．车辆防护

□座椅罩　□转向盘罩　□地板垫　□翼子板布　□前罩　□车轮挡块　□尾排

2．介绍项目评价表

一级指标	二级指标	分数	评价	评价指标
1.接受任务及与组员沟通交流	注重使用文明用语	5分		礼仪规范
	着装合体，适合工作要求	5分		礼仪规范
	发型规范	5分		礼仪规范
	围绕设计任务能专业清楚地表达，条理分明，能让对方听懂	5分		表达能力
	认真倾听，对问题有合理的应有的反应	5分		倾听能力
	有效利用信息并记录	5分		搜集信息
	主动寻找伙伴帮助完成任务	5分		合作
	与伙伴有积极合作意识	5分		合作
	理解伙伴需求，为团队着想	5分		友善
	具备扎实丰富的专业知识	5分		专业能力

汽车维护保养

续表

一级指标	二级指标	分数	评价	评价指标
2.任务实施及与组员沟通交流	注重使用文明用语	5分		礼仪规范
	着装合体，适合工作要求	5分		礼仪规范
	围绕设计任务能专业清楚地表达，条理分明，能让对方听懂	5分		表达能力
	设计工作按时完成情况	5分		专业能力
	涵盖内容的正确性	5分		专业能力
	重点内容覆盖情况	5分		专业能力
	语言表达流畅性	5分		专业能力
	相关问题回答情况	5分		专业能力
	与伙伴有积极合作意识	5分		合作
	理解伙伴需求为团队着想	5分		友善
	有效利用信息并记录	5分		搜集信息

2.6 任务评估

2.6.1 任务完成质量检查

回顾任务，说明完成情况。

任务实施操作过程：介绍内容□　举止表达□

存在的问题：

处理意见：

改进措施：

2.6.2 完善和改进工作计划

请根据实际向客户介绍汽车，完善改进工作计划（以其他颜色的笔在工作计划上标注和补充即可）。

2.7 任务反思

2.7.1 撰写向客户介绍汽车报告

请按照下表要求撰写向客户介绍车辆报告。

向客户介绍车辆报告

一、车辆基本信息
二、介绍内容分析
三、举止语言分析
四、改进建议
五、任务心得

2.7.2 任务总结与思考

1. 请回顾"向客户介绍汽车"的学习和工作全过程，想想你有哪些收获和需要改进的地方。

序号	项目	收获	还需要努力
1	素质		
2	知识		
3	技能		

续表

序号	项目	收获	还需要努力
4	其他		

2．请写出在本次学习过程中你最值得别人学习和最需要向别人学习的方面。

3．针对上表中还需要改进的内容，你有哪些针对性措施？

2.8　单元测试

一、填空题

1．第 9 位是校验位，以_____表示。

2．一般将_____、_____、_____、_____、_____及_____等作为评定汽车的性能指标。

3．发动机根据气缸的布置可分为_____、_____、_____、_____。

4．整车电路通常由_____、_____、_____、_____、_____、_____和_____组成。

5．汽车的动力性是汽车各种性能中最基本、最重要的性能，一般会使用_____、_____、_____来评定。

6．汽车底盘一般由_____、_____、_____、_____四大系统组成。

7．常见的制动系统分为_____和_____。

二、选择题

1．2025 年生产的汽车的 VIN 码第 10 位是（　　）。

A．S　　　　　　　B．5　　　　　　　C．A　　　　　　　D．8

2．汽车必须购买的保险是（　　）。

A．机动车交通事故责任强制险　　　　B．第三者责任险

C．车辆损失保险　　　　　　　　　　D．划痕险

3. 柴油机没有以下（　　　）部件。

　　A．油泵　　　　　B．喷油器　　　　　C．火花塞　　　　　D．进、排气门

4. 车架与车身之间为弹性连接，能吸收大部分振动和车架的扭转变形，且车身减振性能好的车身是（　　　）。

　　A．承载式车身　　　　　　　　　B．非承载式车身

　　C．铝合金车身　　　　　　　　　D．塑料车身

5. 电能用作汽车能源的主要技术问题不包括（　　　）。

　　A．能量密度低　　　　　　　　　B．充电时间长

　　C．成本高　　　　　　　　　　　D．充电桩少

6. 用于给动力电池充电的部件是（　　　）。

　　A．动力电池　　　　B．车载充电机　　　C．电动机　　　　D．电动机控制器

7. 汽车完全装备好的质量（不载人和物），包括发动机、底盘和车身、燃料、随车工具和备胎等的质量叫作（　　　）。

　　A．整备质量　　　　　　　　　　B．总质量

　　C．最大装载质量　　　　　　　　D．空载质量

8. 车身附件不包括（　　　）。

　　A．车门门锁　　　　B．刮水器　　　　　C．风窗洗涤器　　　D．照明灯

9. 安全气囊属于汽车的（　　　）安全装置。

　　A．被动性　　　　　B．主动性　　　　　C．强制性　　　　　D．稳定性

三、判断题

1. 四冲程柴油发动机和四冲程汽油发动机的工作原理基本相同，也是由进气、压缩、做功、排气四个冲程组成的。（　　　）

2. MPV 是指运动型多功能车。（　　　）

3. 汽车传动系统是将发动机输出的动力传递给驱动轮，并实现减速、增矩等功能。（　　　）

4. 按操纵方式划分，变速器可以分为强制操纵式、自动操纵式和半自动操纵式三种。（　　　）

5. 子午线轮胎帘布层帘线排列方向与轮胎的子午断面垂直，使其强度得到充分利用。（　　　）

6. 按照轴距分类，车辆可分为微型车、小型车、紧凑型车、中型车、中大型车及豪华车。（　　　）

7. 二冲程发动机的换气是开放式的，一个动力循环包含 2 个活塞冲程，同时曲轴旋转 1 周。（　　　）

8．一定工况下，汽车行驶 100km 的燃油消耗量或一定燃油量能使汽车行驶的里程是指汽车的燃油经济性。　　　　　　　　　　　　　　　　　　　　　（　　）

9．安全带的基本类型有腰带、肩带、腰肩带和全背带四种。　　　　　（　　）

10．混合动力汽车是指同时装备两种动力来源——热动力源（由传统的汽油机或柴油机产生）与电动力源（电池与电动机）的汽车。　　　　　　　　　　（　　）

四、简答题

1．常见的车辆证明包括哪些？

2．按照汽车传动系统布置方式分类，可分为哪些？

3．请在相应的位置上标注出轴距、轮距、车长、车宽、车高、前悬、后悬、接近角、离去角和最小离地间隙。

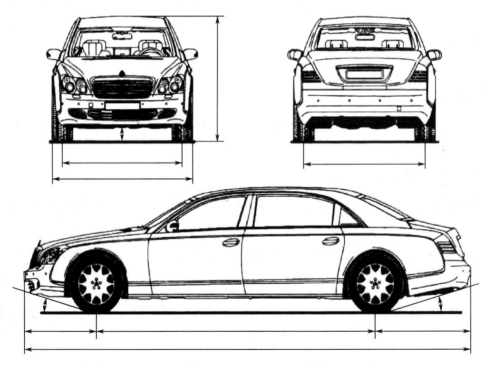

4．解释下列名词。

（1）上、下止点。

（2）活塞行程。

（3）冲程。

（4）气缸工作容积。

（5）压缩比。

5．根据四冲程汽油发动机工作原理，完成下表。

行　　程	活塞运动	进　气　门	排　气　门

2.9　知识拓展

纯电动汽车与传统燃油汽车相比，其有着相同的车身、12V 低压电气设备，以及制动、动力转向及悬架等部件。但是，纯电动汽车也有很多特有的部件：电源系统、驱动电动机系统、辅助系统及整车控制器。

电源系统主要包括动力电池、车载充电机、充电口、高压配电盒。驱动电动机系统主要包括电动机控制器、驱动电动机及减速器等机械传动装置。辅助系统主要包括 12V 蓄电池、DC-DC 转换器、电动压缩机及 PTC 加热器。纯电动汽车的结构基本一致，下面以北汽 EV160 纯电动汽车为例，介绍这些主要部件的安装位置及作用。

1．动力电池

动力电池，也称为高压电池或电池包，为整车提供电能并可进行充电。纯电动汽车的动力电池安装在车辆底部前、后桥及两侧纵梁之间。这样布置的优点是降低了车辆的重心，从而改善了行驶特性。

动力电池输出高压直流电，电压普遍在 300V 以上。动力电池容量的大小直接影响整车的续航里程，同时直接影响充电时间与充电效率。目前，绝大多数电动汽车使用的动力电池是锂离子电池，主要有磷酸铁锂电池和三元锂电池两种。

2. 高压配电盒

高压配电盒（简称 PDU），安装在前发动机舱，相当于传统汽车的中央接线盒，由高压熔断器、接触器（高压继电器）、接线排、连接器等组成，负责高压电的分配、短路保护和高压回路的过载，确保整车的用电安全。

3. DC-DC 转换器

DC-DC 转换器的作用是将动力电池的高压直流电转为 13.5～14V 的低压直流电，为低压电气设备供电，同时为 12V 蓄电池充电，其作用相当于传统燃油汽车上的发电机。

4. 车载充电机

车载充电机（简称 OBC）是一个将交流电转为直流电的装置。动力电池是一个高压直流电源，不能直接使用交流电进行充电，需要通过 OBC 将 220V 交流电转为高压直流电向动力电池充电。

5. 充电口

纯电动汽车一般配备两个充电口，交流充电口（俗称慢充口）一端与 220V 插座或交流充电桩相连，另一端与车载充电机相连，将 220V 交流电传输到车载充电机。直流充电口（俗称快充口）一端连接直流充电桩，另一端通过 PDU 直接与动力电池相连。

6. 电动压缩机

传统燃油汽车的压缩机是通过电磁离合器的吸合，使发动机带动压缩机运转。纯电动汽车没有发动机，压缩机是通过高压电驱动的，称为电动压缩机，其作用是使制冷系统循环的动力源。

7. PTC 加热器

纯电动汽车使用 PTC 加热器作为暖风系统的热源，取代了传统燃油汽车上的冷却液及暖风水箱。

8. 驱动电动机与减速器

驱动电动机与减速器安装在车辆底部。当车辆正常行驶时，驱动电动机作为电动机，利用电动机控制器提供的三相交流电产生转矩，通过机械传动装置（减速器、半轴及车轮）向外输出动力。当车辆制动或减速时，驱动电动机作为发电机，产生三相交流电。电动汽车通常采用的驱动电动机类型是三相永磁交流同步电动机，与传统燃油车相比，其工作效率更高，能达到 85% 以上。

减速器介于驱动电动机和半轴之间，驱动电动机的输出轴直接与减速器输入轴连接。一方面，减速器将驱动电动机的动力传给驱动半轴，起到降低转速、增大转矩的作用。另一方面，满足汽车转向及在不平路面上行驶时，左、右轮以不同的转速旋转，保证车辆的平稳运行。

纯电动汽车的驱动电动机与减速器作为一个整体，称为电动汽车的动力总成。随着技术发展，部分新车型开始搭载电动机控制器、驱动电动机和减速器集成在一起的"三合一"动力总成。

9. 电动机控制器

电动机控制器（简称 MCU）安装在前机舱，其作用是实现交流电与直流电之间的转换。当车辆加速行驶时，电动机控制器将高压直流电转换成高压交流电，输入给驱动电动机用来驱动车辆行驶。当车辆制动或滑行时，电动机控制器将驱动电动机产生的三相交流电转为直流电为动力电池充电，实现能量回收。

10. 整车控制器

整车控制器（简称 VCU）是纯电动汽车的核心控制部件，相当于汽车的大脑。VCU 集加速踏板信号、制动踏板信号、挡位信号和其他部件信号，并做出相应判断后，控制下层各部件控制器的动作，驱动汽车正常行驶。整车控制器作为汽车的指挥管理中心，其主要功能包括驱动力矩控制、制动能量的优化控制、整车的能量管理、CAN 网络的维护和管理、故障的诊断和处理、车辆状态监视等，它起着控制车辆运行的作用。

学习单元 3

对车辆进行长途行驶前的检查

3.1 学习目标

素质目标	知识目标	技能目标
1. 能够与他人共同合作制定出解决方案。 2. 能够保持周围环境干净整洁。 3. 准备就绪后能够畅所欲言，清晰易懂地表达自己的意见	1. 认识汽车运行所需要的材料。 2. 掌握长途行驶前的检查内容。 3. 了解车轮和轮胎	1. 执行检查工作步骤，并在检测报告上进行记录。 2. 确定冷却液冰点。 3. 检查并记录液位、刮水片、蓄电池、照明和信号装置等信息

3.2 情境引入

3.2.1 情境描述

王女士近期与好友准备自驾长途旅行，开车到 4S 店进行保养检查，希望技师能对车辆进行长途行驶前的检查，确保长途行驶过程中车辆的安全。

1. 作为一名客户接待人员，当遇到王女士到 4S 店咨询时，你应该如何进行接待呢？请依据情境描述，编写客户接待话术，做好接待客户的准备工作。

客户维修接待	客 户

2. 请按照上面编好的话术进行角色演练，并从着装规范、举止得体等 8 个方面分别给予评价，5 分为完美，1 分为还需要加强。

评 价 要 素	评 价 等 级	记录能体现优点和不足的具体行为
着装规范	5 分□ 4 分□ 3 分□ 2 分□ 1 分□	做得好： 需改进：
举止得体	5 分□ 4 分□ 3 分□ 2 分□ 1 分□	做得好： 需改进：
表情诚恳	5 分□ 4 分□ 3 分□ 2 分□ 1 分□	做得好： 需改进：
使用礼貌用语	5 分□ 4 分□ 3 分□ 2 分□ 1 分□	做得好： 需改进：
表述清晰	5 分□ 4 分□ 3 分□ 2 分□ 1 分□	做得好： 需改进：
语言简练	5 分□ 4 分□ 3 分□ 2 分□ 1 分□	做得好： 需改进：
专业性强	5 分□ 4 分□ 3 分□ 2 分□ 1 分□	做得好： 需改进：
体现出为客户利益考虑	5 分□ 4 分□ 3 分□ 2 分□ 1 分□	做得好： 需改进：

附：客户任务工单

车主姓名		日期	
车型		车牌号	
车架号（VIN 码）			
联系电话			

客户需求描述：

检查维修记录及建议：

更换零部件记录：

维修人：	质检员：

3.2.2　任务分析

进行置换车辆需要具备以下条件。

□车辆防护　　　　□环车检查　　　　□了解汽车运行材料　　□机油液位检查

□玻璃水液位检查　□制动液液位检查　□冷却液液位检查　　　□冷却液冰点检查

请结合实际情况进行分析，在自己已经具备的能力或条件前的方框内打"√"。

3.3　知识与技能

3.3.1　认识车辆油液

3.3.1.1　车辆油液的类别

液体和润滑油是汽车运行时必需的物质。辅助材料是汽车和其部件的清洗、保养所需的材料。

1. 液体和润滑油

（1）液态和气态的燃料，如汽油、柴油、天然气和氢气。它们在发动机中燃烧产生热能，再转换为动能。

（2）润滑油和润滑脂，如机油和石墨。它们能减少滑动部件的摩擦和磨损。

（3）冷却液和制冷剂，如水、乙二醇冷却液、R134a 制冷剂、干冰和液态氮。它们能防止发动机过热和产生冰冻损坏，或者用于驾驶室和货舱的冷却。

（4）制动液，如乙二醇乙醚。它在液压制动装置和离合器分离装置中传递压力。制动液必须保持液态，在高温下也不允许蒸发。

（5）用于力传递的液体，如 ATF、硅油和液压油。它们用于液力变矩器、动力转向器、离合器和液压往复运动装置。

2. 辅助材料

（1）汽车部件清洗剂，如油脂清除剂、酒精和塑料清洗剂。

（2）清洁保养汽车产品，如沥青和胶的去除剂，用于抛光的釉、铬铝零部件和风窗玻璃清洗剂。

3.3.1.2　燃料

燃料是不同分子结构的碳氢化合物的合成物。在燃烧过程中，燃料的性能主要由分子的结构和分子大小，以及氢、碳原子的混合比确定。纯的氢气也可用作燃料。

1. 碳氢化合物分子结构

碳氢化合物分子有链形结构，也有环形结构（见图 3-1）。单个的链形分子（链烷烃和烯烃）是易燃易爆的，这会导致火花点火式发动机中的"爆燃"现象。在柴油机中，单个的链形分子的燃烧是最理想的。

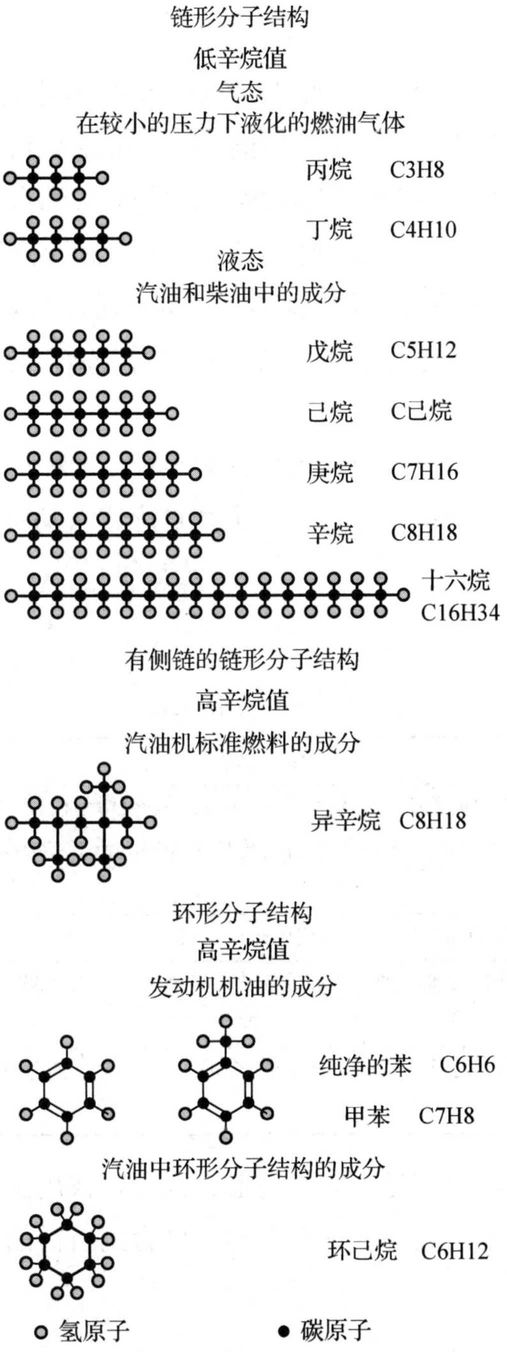

链形分子结构

低辛烷值

气态

在较小的压力下液化的燃油气体

丙烷　C3H8

丁烷　C4H10

液态

汽油和柴油中的成分

戊烷　C5H12

己烷　C己烷

庚烷　C7H16

辛烷　C8H18

十六烷
C16H34

有侧链的链形分子结构

高辛烷值

汽油机标准燃料的成分

异辛烷　C8H18

环形分子结构

高辛烷值

发动机机油的成分

纯净的苯　C6H6

甲苯　C7H8

汽油中环形分子结构的成分

环己烷　C6H12

○ 氢原子　　　● 碳原子

图 3-1　碳氢化合物的分子结构

有侧链的链形分子（异构烷烃）或环形的分子（芳香烃、环烷烃）不那么容易被燃烧，在火花点火式发动机中，它们能够抗爆燃，但是它们的点火滞后性使其在柴油发动机中燃烧时会产生"爆燃"现象。

2. 石油产生的精炼

目前，燃料生产最重要的原材料是石油，而石油中的碳氢化合物并不都适用于汽油发动机和柴油发动机，其中大部分必须通过蒸馏、裂解和转化等工艺得到。

炼油厂中石油成品的生产有两种方法：分离法和转化法。

（1）分离法。

① 大气蒸馏：将原油在气密装置中加热，在约180℃前达到沸点并蒸发的成分浓缩成轻燃油，主要成分是汽油，由普通烷烃（无分枝链）和环烷烃（环形）混合而成。沸点为180～280℃时蒸发的成分为中重燃油（燃气轮机用燃油、煤油）。沸点为210～360℃时蒸发的成分为柴油机使用的重燃油。沸点高于360℃时蒸发的成分为润滑油和润滑脂。

② 真空蒸馏：能够得到各种润滑油。真空蒸馏是对在大气蒸馏中得到的剩余物在真空状态下再次加温蒸馏，并按其沸点进行分离，其最后的剩余物为沥青。

（2）转化法。

标准蒸馏生产出的汽油比例对当前需求来说太小了，这种汽油的辛烷值（ROZ）为62～64，并不足够。裂解工艺明显地提高了可用于火花点火式发动机的燃料的生产量，同时提升了其产品的辛烷值（见表3-1）。

① 裂解工艺。

表3-1 裂解工艺

工　艺	内　容	辛　烷　值
裂解	大分子、高沸点的重燃油分解为较高辛烷值的、较轻的燃油：异烷烃和烯烃（烯烃不同于链烷烃，它的两个碳原子之间通过双键结合），留下有超高沸点的物质可进一步处理	88～92
热裂解	转化过程在温度为500℃、压力为20bar时进行	
催化裂解	更大产量地生产轻燃油。加入铝和硅催化，重燃油可以在500℃时分解为有价值的成分	
氢化裂解	充入氢气，并且加压至150bar，温度在400℃，进行分子的分解。此时产生高品质的低硫燃油	

通过裂解工艺生产的燃油没有足够的辛烷值。因此，在用于火花点火式发动机的汽油中混合有通过多种转化工艺产生的成分（见表3-2），以得到所需的性能，如高辛烷值（ROZ）。

② 转化工艺。

表3-2 转化工艺

工　艺	内　容	辛　烷　值
重整	使用催化剂（铂：重整工艺）将蒸馏后的链烷烃转化为高辛烷值的异构烷烃和芳香烃	93～98
聚合	使用催化剂将裂解和重整时生成的气态的碳氢化合物聚合成大分子，主要是异构烷烃。这个过程中如果是链烷烃转化异构烷烃，则称为异构化	95～100
加氢处理	氢原子加入不饱和烯烃生成稳定的高辛烷值的异构烷烃	92～94
烷基化	链烷烃和烯烃的相互反应生成高辛烷值的异构烷烃	92～94

3. 后处理法

后处理法是对转化工艺后产生的高辛烷值的汽油进行后处理。这时，汽油的纯度（分离气态剩余物、硫和树脂溶液）增加了。后处理的目的是减少沉淀、染色、冻结的趋势和燃烧中"爆燃"或氧化的趋势。

3.3.1.3 汽油

汽油作为火花点火式发动机的燃料，其使用性能的好坏对发动机工作的可靠性、经济性及使用寿命都有很大的影响。

1. 蒸发特性

蒸发特性描述了测定体积的汽油的汽化的趋势。在 40～50℃时，汽化的汽油量应该能够足够确保冬天低温启动时的可靠性，但也不可过多，否则会导致在发动机变热后产生汽油蒸汽。当温度升高至 180℃时，汽油的汽化量应约为 90%，这是为了防止未汽化的汽油窜入曲轴箱稀释发动机的润滑油而导致发动机零件的磨损加剧。

2. 辛烷值（ROZ，MOZ）

汽油的自燃温度越高，相应的辛烷值也越高。辛烷值有研究法辛烷值（ROZ）和用发动机抗爆性实验测定的辛烷值（MOZ）。使用爆燃试验机（可变压缩比）可测定两种辛烷值，由异辛烷（ROZ=100）和正庚烷（ROZ=0）确定标准燃料，如要测定的汽油的辛烷值为 95，表示它与 95%异辛烷和 5%正庚烷的混合物抗爆燃性能相同。MOZ 低于 ROZ，因为 MOZ 是在较高的转速且进行混合预热的温度到达 150℃时测定的。

3. 无铅汽油

装有催化转化器的汽车需要使用无铅汽油。如果使用有铅汽油，那么废气中含有铅化合物将渐渐形成一层沉淀覆盖在催化剂上，使之不能将尾气中的有害物质转化为无毒物质。因此，无铅汽油的含铅量限制为 13mg/L。

汽油的辛烷值随含铅量的减少而提高。因此，在生产汽油时，要通过重整、聚合和烷基化，并通过添加抗爆剂得到高辛烷值成分，然后合成无铅汽油。

4. 含金属的抗爆剂

不再使用含金属的抗爆剂，因为会产生有毒的燃烧物（如四乙基铅）。

5. 不含金属的抗爆剂

芳香烃，如甲苯和二甲苯，其辛烷值（ROZ）范围为 108～112，通过和汽油的混合提高汽油的总辛烷值。由于芳香烃含有致癌物，最大的添加量限制为 5%，现在使用的标准汽油平均含有 2%的芳香烃，高辛烷值汽油平均含有 1%的芳香烃。

6. 有机性氧化物作为抗爆剂

MTBE（甲基叔丁基醚）作为抗爆剂，其辛烷值（ROZ）范围为 110～115，因此添加它能对总辛烷值产生显著的影响，而且由于其低沸点低（55℃），因此添加能够显著改善汽油低

沸点范围的辛烷值。甲基叔丁基醚在汽油中的加入比例为 10%～15%。

用于火花点火式发动机的燃料（汽油）在 21℃ 以下存在闪点，因此将其归入一级危险级（最高的危险级），尤其是在汽油与空气混合时，会形成易爆混合物，因此进行燃油系统的相关工作时必须禁止明火。

3.3.1.4　柴油

柴油应用于压燃式发动机（柴油发动机）的主要燃料。柴油与汽油比较，应具有很好的可燃性。柴油的可燃性用十六烷值表示。柴油中所含的链形碳氢化合物越多，就越易燃。柴油的十六烷值应大于 51，目前使用的燃油的十六烷值最大为 62。

1. 冬季柴油

柴油具有低温特性，即温度较低时可能会析出石蜡成分。石蜡是一种颗粒型晶体，一旦石蜡结晶到达了一定程度就会导致燃油滤清器堵塞，造成供油中断，最终使发动机停止运行。

评定柴油低温流动性的指标有冷凝点、浊点和冷滤点。冷凝点是指在规定条件下，柴油停止流动的最高温度。柴油的牌号就是根据其冷凝点来划分的，如 0 号柴油的冷凝点是 0℃，-10 号柴油的冷凝点为-10℃。柴油的冷凝点越低，说明其低温流动性越好，防冻性越好；反之，低温流动性越差，防冻性越差。冷凝点主要影响柴油的运输和储存。浊点是指在规定条件下，柴油冷却至开始析出石蜡晶体而成混浊状时的最高温度。柴油达到浊点后，虽未失去流动性，但蜡状体会堵塞油路和滤清器。冷滤点是指在规定条件下，当柴油通过滤清器的量不足 20mL/min 时的最高温度（流动点使用的最低环境温度）。冷滤点是衡量柴油低温性能的重要指标，能够反映柴油低温实际使用性能，最接近柴油的实际最低使用温度。在国家公布的柴油标准中规定：0 号柴油的冷凝点是 0℃，其冷滤点为 4℃；-10 号柴油的冷凝点为-10℃，其冷滤点为-5℃。也就是说，柴油的冷凝点比冷滤点低 4～6℃，因此冷滤点比冷凝点更重要。因为无论是哪种牌号的柴油，随着气温的不断降低，都是先经过冷滤点再经过冷凝点，虽然柴油还没有完全结冰，但它已经堵塞了滤网。所以在选用柴油牌号时，应同时兼顾当地气温和柴油牌号对应的冷滤点，一般要求柴油冷凝点应低于本地当前季节最低气温 7～10℃。

2. 绿色柴油

制造绿色柴油的原料可以是油菜籽，也可以是再生原料（油菜籽甲基酯或 RME）。在使用绿色柴油前，要确认发动机燃料系统能够适应这种燃料，否则有可能引起燃油管道和密封的膨胀，最终导致泄漏。

绿色柴油是吸湿的，也就是说是吸水的，它能够溶解油漆，因此当它和汽车表面油漆接触时，要立即擦去。

使用绿色柴油的发动机在不完全燃烧时，也会和使用常规柴油一样，生成少量 CO 和颗粒物，但氮氧化物的排放量较高，而排出的 CO_2 在油菜籽植物生长时被吸收，再次得到平衡。

3.3.1.5 润滑油

1. 润滑油的生产

石油经过大气蒸馏、真空蒸馏得到基础油，基础油经过再加工得到润滑油。

（1）矿物质油。基础油通过加热、蒸发、冷凝的方式生产润滑油。利用这种方式生产的润滑油的费用低，但润滑油的耐老化性一般，其黏度指数为 90～100，挥发损耗高，耐低温性能中等。

（2）氢化裂解润滑油。这种方式生产的润滑油价格高、成分均匀、耐老化性较高，黏度指数为 120～150，挥发损耗低，耐低温性能非常好。

（3）合成润滑油。合成润滑油的性能与氢化裂解润滑油的性能相同。

2. 润滑油的功能

润滑油的主要功能是润滑，还有冷却密封、缓冲减震、防腐保护和降低噪声等。

3. 黏度

黏度是衡量润滑油流动性的一个指标，黏度与其内部分子间的摩擦力有关。当润滑油的黏度小时，润滑油的流动性好，变形阻力小；当润滑油的黏度大时，润滑油有很大的移动阻力。

润滑油的黏度根据其种类不同而有所差异，当温度升高时润滑油的黏度随之降低。

（1）运动黏度。

运动黏度可用毛细管黏度计测定。在试验温度下，让一定量的润滑油通过长的薄壁管，由通过时间确定其黏度，单位为"平方米每秒"或"平方毫米每秒"。

（2）动态黏度。

动态黏度可以用加压的毛细管黏度计或旋转式黏度计测定。在试验温度下，转子在有试验油的气缸中扭转。根据所需的扭矩测量其黏度，单位为 Pa·s（帕斯卡秒），或者通常使用 mPa·s。

（3）黏度指数。

对于发动机来说，最好的润滑油是当温度变化时黏度变化最小的润滑油，因为这种润滑油有良好的低温启动性能，在高温下润滑油膜也有很好的承受力。优质矿物质油的黏度指数为 90～100，合成的碳氢化合物润滑油的黏度指数可达 120～150。因此，合成润滑油更容易满足高功率发动机的要求。

（4）SAE-黏度等级。

为了方便选择各种温度范围内使用的发动机油和变速器油，美国汽车工程师协会（SAE）按不同的黏度等级将润滑油分成夏季用的高温型、冬季用的低温型和冬夏通用的全天候型。其中冬季用油有 6 种，夏季用油有 4 种，冬夏通用油有 16 种。

① 冬季用油牌号分别为 0W、5W、10W、15W、20W、25W，符号 W 代表冬季，W 前的数字越小，其低温黏度越小，低温流动性越好，适用的最低气温越低。

② 夏季用油牌号分别为20、30、40、50，数字越大，其黏度越大，适用的最高气温越高。

③ 冬夏通用油牌号分别为5W/20、5W/30、5W/40、5W/50、10W/20、10W/30、10W/40、10W/50、15W/20、15W/30、15W/40、15W/50、20W/20、20W/30、20W/40、20W/50，代表冬用部分的数字越小和代表夏季部分的数字越大者，适用的气温范围越大。

冬夏通用油提供多种黏度类别的润滑油来适应需求，如 SAE 15W/50 满足 SAE 15W 在-17.8℃时的要求，同样能满足 SAE 50 在+98.9℃时的要求，这样的润滑油不仅在天气寒冷时容易启动发动机，而且在高温时有良好的热稳定性。

4. 发动机油

发动机油使用的温度范围如图 3-2 所示。

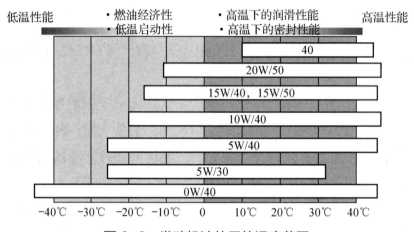

图 3-2　发动机油使用的温度范围

（1）按 API 分类的发动机油。

美国石油协会（API）与美国材料试验协会（ASTM）和美国汽车工程师协会（SAE）合作创建了发动机油系统的分类，这个分类在不改变之前系统的情况下加入了新的需求（见表 3-3）。

表 3-3　新的需求

火花点火式发动机	
SG	高温氧化稳定性、淤渣沉积控制能力及抗磨损性
SH	与 SG 有相同的要求，但要求运行规定的测试组有很高的质量（如节省燃油测试）
SJ	同 SH，但对节省燃油有更高的要求，磷的质量分数小于 0.1%，以减少催化剂磷中毒，提高催化剂的使用寿命
柴油机	
CE	用于自然吸气式柴油机和涡轮增压柴油机
CF	用于自然吸气式柴油机、涡轮增压柴油机和使用硫的质量分数低于 0.5% 的柴油发动机
CF-4	用于高速四冲程自然吸气和涡轮增压发动机，用于使用硫的质量分数低于 0.5% 的重载高速四冲程柴油发动机
CG-4	用于使用硫的质量分数低于 0.5% 的重载高速四冲程柴油发动机
CH-4	用于高速高负荷四冲程发动机，可与硫的质量分数最高达 0.5% 的柴油一起使用，适用于低排放发动机

（2）按 ACEA 分类的发动机油。

ACEA（欧洲汽车制造商协会）是欧洲汽车制造业对于汽车用润滑油的检验认证标准，它有以下 3 个不同的功率级。

① 以"A"开头，表示针对汽车中的汽油发动机油的规范，目前分为 A1、A2、A3 及 A5 四个等级。

② 以"B"开头，表示针对轻负荷柴油发动机油的规范，目前分为 B1、B2、B3、B4 及 B5 五个等级。

③ 以"E"开头，表示针对重负荷柴油发动机油的规范，目前分为 E2、E3、E4 及 E5 四个等级。

自 1996 年 1 月以来，开始使用新的 ACEA 规格（其功率级见表 3-4）。

表 3-4　ACEA 规格的功率级

级　别	说　明
A1 B1	较低的高温高剪切黏度（2.9～3.5mPa·s），具有燃油经济性
A2 B2	普通高温高剪切黏度，正常换油周期，可能不适用某些高性能发动机，要咨询制造商
A3 B4	剪切后能够保证黏度级别，适用高性能发动机，并且延长换油的时间间隔。B4 主要用于共轨直喷柴油发动机上
E2	用于自然吸气式柴油机及涡轮增压发动机，正常换油周期
E3	适用延长换油周期，相对 E2 能更好地控制活塞积碳、缸套抛光、磨损及烟灰
E4	适用延长换油周期，相对 E3 能更好地控制活塞积碳、缸套抛光、磨损及烟灰
E5	适用延长换油周期，相对 E4 能更好地控制活塞积碳、缸套抛光、磨损及烟灰

5. 变速器油

（1）汽车变速器油的工作条件和主要要求。

由于齿轮工作面不断变换，温度升高不剧烈，所以它的工作温度一般为 10～80℃；齿轮在传动时，齿之间啮合部分的单位压力高达（196～245）×10^{4}kPa，双曲线齿轮的单位压力可达（294～392）×10^{4}kPa，这使变速器油承受很高的压力作用。此外，变速器油在速度变化大、回转次数多的条件下工作，因而变速器油易于从齿间的间隙中被挤出，产生半液体摩擦。

对变速器油的主要要求是，在齿与齿之间的接触面上能形成连续坚韧的油膜，即具有较高的润滑性，使传动机件之间维持韧性的边界油层，保证传动机件磨损小并预防其擦伤。此外，变速器油还应具有良好的黏温特性，以保证动力传动机构的摩擦损耗较小，保证汽车易于起步（尤其是冬季的启动）。

（2）变速器油的分类。

目前，国际上采用美国汽车工程师协会（SAE）和美国石油协会（API）的分类标准，来标定变速器油。

① 按 API 分类。

美国石油协会（API）将变速器油分为 GL-1、GL-2、GL-3、GL-4、GL-5、GL-6 六个级别（见表 3-5）。级别中数值排列越靠后，级别越高，表示变速器油越能满足更为苛刻的工作要求。

表 3-5　变速器油按使用性能分类

分　类	使　用　说　明	用　　途
GL-1	在低齿面压力、低滑动速度下的汽车螺旋锥齿轮、蜗轮式驱动桥及各种手动变速器规定用 GL-1 级变速器油	汽车手动变速器，包括拖拉机和载货汽车手动变速器
GL-2	汽车蜗轮式驱动桥由于其负荷、温度和滑动速度的状况，用 GL-1 级变速器油不能满足要求，规定用 GL-2 级变速器油。通常都加有脂肪类物质	蜗杆传动装置
GL-3	滑动速度和负荷比较苛刻的汽车手动变速器和螺旋锥齿轮的驱动桥规定用 GL-3 级变速器油。这种使用条件要求润滑油的负荷能力比 GL-1 级和 GL-2 级变速器油的负荷能力高，但比 GL-4 级变速器油的负荷能力要低	苛刻条件的手动变速器和螺旋锥齿轮的驱动桥
GL-4	在低速高扭矩、高速低扭矩下操作的各种齿轮，特别是客车和其他各种车用的双曲线齿轮，规定用 GL-4 级变速器油	手动变速器、螺旋锥齿轮和使用条件不太苛刻的双曲线齿轮
GL-5	在高速冲击负荷、高速低扭矩、低速条件下操作的各种齿轮，特别是客车和其他车用的双曲线齿轮，规定用 GL-5 级变速器油	适用于操作条件缓和或苛刻的双曲线齿轮及其他各种齿轮，也可用于手动变速器
GL-6	在高速冲击条件下运转的汽车和其他车辆的各种齿轮，特别是大偏移距的双曲线齿轮，偏移距大于 50nm 或接近大齿轮直径的 25%，规定用 GL-6 级变速器油	—

② 按黏度级别分类。

美国汽车工程师协会（SAE）将变速器油划分为 70W、75W、80W、85W、90、140、250 等黏度级别（见表 3-6）。

表 3-6　SAE 将变速器油按黏度级别分类

黏度牌号	黏度为 150000mPa·s 时的最高温度/℃	运动黏度 100℃/（mm²/s）	
		最　　小	最　　大
70W	-55	4.1	—
75W	-40	4.1	—
80W	-29	7.0	—
85W	-12	11.0	—
90	—	13.5	小于 24.0
140	—	24.0	小于 41.0
250	—	41.0	—

在选用变速器油的时候，要根据当地的环境温度及车辆的实际使用情况来定，一般夏天选用的变速器油的黏度稍高一些；冬季选用的变速器油黏度稍低一些。另外，必须严格按车辆使用说明书的规定，正确选用变速器油，而且变速器油加注要适量。变速器油加注量不足，会使润滑不良、磨损增加；加注量过多，会增加动力损失并造成漏油。

（3）低摩擦变速器油。低摩擦变速器油是高黏度的多用途油，如黏度指数高的 SAE 75W/90 油，通过添加摩擦改善剂降低了其低温下的摩擦系数，可方便换挡，减少了燃油的消耗量。

（4）自动变速器油（ATF），也称为自动传动液。相对于手动变速器油，自动变速器油必须满足以下附加要求。

① 在行星齿轮和自由轮之间形成润滑油膜。

② 完成泵轮到涡轮之间的转矩传递。

③ 在较宽的温度范围内黏度指数高。

ATF 没有规定的标准，其最低要求由汽车制造商在其公司技术规范中定义。因此要注意汽车制造商核准发行的使用要求。

3.3.1.6 润滑脂

1. 润滑脂的结构

润滑脂由基础用油、增稠剂和添加剂组成。通过增稠形成富有弹性的结构，增稠剂存储在油中，如果需要，还可再次释放。

（1）基础用油。

基础用油与发动机油的情况相同，是一种简单的提纯，是利用石油蒸馏或合成生成的碳氢化合物。

（2）增稠剂。

如果使用皂基增稠剂，那么可称之为金属清洁剂，如锂基、钙基和钠基增稠剂，还可使用无清洁作用的增稠剂，如凝胶剂或斑脱土。根据使用的增稠剂的种类和基础用油的温度和黏度不同，可得到稠度（刚性）不同的润滑脂。

（3）添加剂。

常用的添加剂有抗氧剂、极压抗磨剂、防锈剂、黏附剂、填充剂和染料剂等。

2. 润滑脂的种类

使用时，根据工作温度和所受的负载来选择润滑脂。在高温下有些润滑脂会变软和易于流动。润滑脂液化的温度点被称为滴点。滴点和使用的皂基的种类有关，润滑脂的性能与应用如表 3-7 所示。

表 3-7　润滑脂的性能与应用

皂　基	滴点/℃	是 否 防 水	应　用
钙基（钙基润滑脂）	200	是	用作润滑脂

皂 基	滴点/℃	是 否 防 水	应 用
钠基（钠基润滑脂）	120～250	否	滚动轴承润滑脂
锂基（锂基润滑脂）	100～200	是	多用途润滑脂

（1）锂基润滑脂。

常用的锂基润滑脂是防水的、耐热的润滑脂，其工作温度范围为-20～130℃。

（2）钙基润滑脂。

钙基润滑脂是防水的、不耐热的润滑脂，其工作温度范围为-40～60℃。

（3）钠基润滑脂。

钠基润滑脂是不防水的润滑脂，其最高工作温度为100℃。

（4）高温润滑脂。

高温润滑脂可在130℃的温度下持续使用。

（5）EP-润滑脂。

EP-润滑脂能承受高压，其中含有添加硫结合剂、铅结合剂或磷结合剂。

（6）EM-润滑脂。

EM-润滑脂含有二硫化钼，应当在润滑脂容易流失时使用，以保证其干润滑性能。

3. 润滑脂的稠度

稠度是指润滑脂在规定的剪切力或剪切速度下变形的程度，稠度通常用锥入度表示。按NLGI-级（美国国家润滑脂研究所）标准，稠度分为000、00、0、1、2、3、4、5、6几类（见表3-8）。

表3-8　润滑脂的稠度

稠 度	特性与应用
000、00、0、1	很软的流动型润滑脂，用于集中润滑设备
2、3	软型润滑脂，用于润滑各种轴承
4、5、6	硬型润滑脂，用于水泵润滑脂

4. 润滑脂标注

按国际标准，每种润滑脂只有一个代号，这个代号与润滑脂在应用中的最严格操作条件相对应。

例如：L-XBEGB 2，表示最低操作温度为-20℃、最高操作温度为160℃、可经受水洗、不需要防锈、适用高负荷、稠度等级为2的润滑脂。

3.3.1.7　冷却液

1. 冷却液的作用及分类

冷却液是一种混合物，其中含有水、抗冻剂和添加剂（包括抗氧化剂和润滑物质）。冷却液中不应含有杂质，因为钙、污泥和油脂等杂质会降低其导热能力，在某些情况下还可能堵塞管道和通道。

寒冷季节到来以前，为了防止冷却液结冰，必须按规定更换防冻冷却液，可以防止汽车在寒冷季节停车时冷却液结冰而损坏发动机。目前，常用的防冻冷却液品种有乙二醇型、酒精型和甘油型等。乙二醇型因其具有冰点低、沸点高、防腐性好而被广泛使用。

乙二醇型防冻液按其冰点不同可分为-25、-30、-35、-40、-45 和-50 六个牌号。

冷却液要按照制造商规定的间隔进行更换。冷却液的收集、丢弃需要遵照环境条例。

2．冷却液的选用原则

（1）在秋冬时节，所选用的冷却液的冰点应最少低于当地最低气温 10℃。

（2）选择正规品牌的冷却液。

（3）一般优质冷却液从外观看应清澈透明、无杂质、不浑浊、无刺激性气味，产品外包装上应有详细的生产单位名称、产品说明书和明确的指标说明。

3．冷却液使用注意事项

（1）冷却液具有毒性，使用中应注意避免与人体接触，若沾在皮肤上则应及时用水清洗干净。

（2）不同品牌的冷却液的生产配方会有所差异，尽量使用同一品牌的冷却液，以防破坏各自的综合防腐能力，降低其沸点和冰点，造成添加剂失效。

（3）冷却液必须定期更换，添加时应确认该产品在有效期内。

（4）避免兑水使用，会影响防冻液的正常功能。

4．冷却液冰点测试

测试冷却液冰点，通常使用冰点检测仪（见图 3-3）。冰点检测仪是根据不同浓度的液体具有不同的折射率这一原理设计而成的，可以用于对冷却液和刮水器洗涤液冰点，以及蓄电池电解液密度的检查。

使用方法如下。

（1）打开冰点检测仪盖板，用柔软的绒布将盖板及棱镜表面擦拭干净。

（2）用滴管吸取蒸馏水或标准溶液，滴 2～3 滴在棱镜表面上，合上盖板，让样品溶液盖满整个棱镜表面，不能留有气泡或空隙。

（3）将冰点检测仪对向明亮处，旋转视度调节手轮使刻度线清晰。

（4）调节校准螺钉直至蓝色和白色区域交界线与 0 刻度线完全重合，完成调零。

（5）用所要测量的溶液的样品溶液代替蒸馏水或标准溶液，然后重复（1）～（3）步，读取蓝色和白色交界线的刻度值，此刻度值即该样品溶液浓度的准确测量值。

（6）测试完毕后用柔软绒布将盖板及棱镜表面擦拭干净，清洗滴管，将冰点检测仪收回包装盒内。

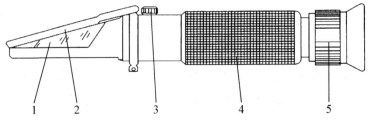

1—棱镜；2—盖板；3—校正钉；4—把套；5—目镜

目镜内部显示

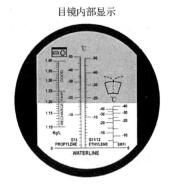

图 3-3　冰点检测仪

3.3.1.8　制冷剂和冷冻油

1. 制冷剂

汽车空调系统依靠制冷剂的运行实现制冷。过去制冷剂是氟利昂（R12），其特别适用于空调，因为它无臭、不可燃、无毒，并且是气态的，此外，它对金属无腐蚀性。但是，因为其中含有氯，会破坏臭氧层，所以现在使用 R134a 代替它。R134a 和氟利昂具有类似的物理性质和化学性质，但不同的是，R134a 不再含氯，因此不会危害臭氧层。

2. 冷冻油

为了给压缩机的运动部件润滑，要求使用专用的冷冻油。制冷剂中要加入一定比例的冷冻油（约 25%），冷冻油在制冷过程中不断循环润滑运动部件。用于 R12 的冷冻油以矿物质油为基础，同时开发了用于 R134a 的冷冻油（PAG 油）。用于 R12 的冷冻油不溶于 R134a，因此，用于 R12 的冷冻油不允许与 R134a 一起使用。用于 R134a 的冷冻油是吸湿的，需要密封存储。

3. 制冷剂的使用注意事项

（1）要避免接触到液态的制冷剂。

（2）要戴护目镜。

（3）气态的制冷剂不得排放到空气中，要使用制冷剂专用工具回收。因为气态的制冷剂比空气重，在充制冷剂时有窒息的危险。

（4）制冷剂瓶不能放在温度高于 45℃的地方。

（5）用于 R12 和 R134a 的检修仪表必须分开储藏和使用。

（6）回收的制冷剂要干净（油和湿气分离）。

3.3.1.9　制动液

1. 制动液有以下性能

（1）高沸点（高达 300℃）。

（2）低冰点（约为-65℃）。

（3）黏度保持不变。

（4）不侵蚀金属和橡胶部件，化学性质为中性。

（5）在制动总泵和车轮制动分泵中的运动部件中起润滑作用。

2. 制动液的湿沸点

为了防止因制动时产生的热量形成气泡，美国运输部（Department Of Transportation，DOT）把制动液划分为三个等级，标准中规定了干沸点。干沸点是指未使用过且不含水的新制动液的沸点。三个等级的制动液及其干沸点分别为 DOT3：205℃；DOT4：230℃；DOT5.1：260℃。

制动液由聚乙二醇醚及特殊添加剂组成，此外还有使用硅油和以矿物质油为基础的特种油作为制动液。基于聚乙二醇醚的制动液应用最为广泛，因为这种制动液吸湿性很强，也就是说，它是吸水的。水的含量越多，制动液的湿沸点越低。湿沸点指的是制动液中水的质量分数为 3.5% 时的沸点。

DOT3 制动液的湿沸点低于 140℃ 是危险的。通过检测制动软管中水的质量分数来判断制动液是否达到了危险的湿沸点。通常两年以后制动液中水的质量分数大约为 3.5% 的水分，此时，因制动时产生的热量形成的气泡不能传递制动压力，会引起制动失灵，因此最迟在两年后要更换制动液。

为了保证制动液在低温时仍然能通过防抱死系统（ABS）设备的电磁阀，需要测定其在 -40℃ 时的黏度，应符合 DOT 5.1 标准。

制动液会侵蚀油漆，因此溅到油漆上的制动液必须立即用水冲洗干净。制动液是有毒的，排出的制动液需要收集处理，并且不能再次使用。在更换和配制制动液时，要注意制造商的有关规定。

请完成"3.3.1 认识汽车油液"部分的阅读，并完成下列各题。

（1）_____ 作为火花点火式发动机的燃料，其使用性能的好坏对发动机工作的可靠性、经济性及使用寿命都有很大的影响。

（2）_____ 是应用于压燃式发动机（柴油发动机）的主要燃料。

（3）柴油的牌号就是根据其_____ 来划分的。

（4）润滑油的功能有哪些？

（5）优质发动机润滑油的特点是什么？

（6）润滑脂由_____、_____和_____组成。

（7）冷却液的作用是什么？

（8）冷却液有哪些主要类型？

（9）冰点检测仪的使用方法是什么？

（10）冰点检测仪零件认知：在线条上标出各零件名称并在表格中写出各零件的作用。

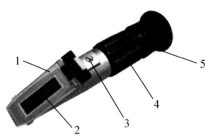

零 件 名 称	零件的作用
1	
2	
3	
4	
5	

3.3.2　认识汽车轮胎

3.3.2.1　车轮和轮胎

　　车轮和轮胎是汽车的重要组成部件，更换时请务必使用生产厂商认可的车轮和轮胎，以保证其具有良好的附着性和安全性。

　　安装轮胎需要一定的专业知识和专业工具，并且能按照管理条例处理废轮胎。只有同结构、同尺寸，并尽可能是同样花纹的轮胎才可组合使用。不可使用旧轮胎，以避免因不了解轮胎以前的使用状况而发生意外。

轮辋和车轮螺栓必须匹配！安装不同类型的轮辋时，必须使用长度和螺栓头形状适合、规格正确的车轮螺栓，否则将影响车轮的稳固性和恶化制动性能。若使用不符合生产厂商规定的轮胎或轮辋，则可能影响行车安全。

1. 车轮

（1）对车轮的要求。

① 重量轻。

② 直径大，以配合较大的制动盘。

③ 高形状稳定性和高弹性。

④ 散热性好。

⑤ 损坏后，轮胎和车轮更换方便。

（2）车轮的结构。

车轮是介于轮胎和车轴之间承受负荷的旋转件。它由轮辋、车轮轮毂及这两个元件间的连接部分（轮辐）组成。车轮总成使用车轮螺母或螺栓固定在传动轴外侧轮毂的凸缘上，制动鼓或制动盘也用螺母固定在轮毂的凸缘上。

轮辋可以分为固定在车轮轮毂上的轮辋和可拆卸轮辋两种，即一体式轮辋（深槽轮辋）和分体式轮辋。

汽车通常使用一体式轮辋（见图3-4），其轮辋、轮辐和车轮轮毂铆接、焊接或旋接在一起。轮辋横截面可以是对称的或不对称的。

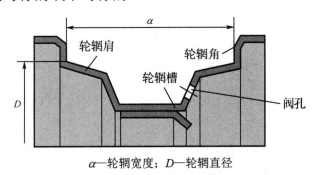

α—轮辋宽度；D—轮辋直径

图3-4 一体式轮辋

如果使用无内胎轮胎，就需要使用深槽轮辋，在轮辋肩上，深槽旁有一个具有一定高度的圆角，称为凸峰（H）（见图3-5）。如果升高部分不是圆的，就称为平峰（FH）。两者都要避免轮胎凸起在快速弯道行驶时因为轮辋肩所产生的大的侧面力而被压入深槽。如果空气突然漏出无内胎轮胎，那么可能会引起很严重的事故。

（3）轮辋上的尺寸和标记。

轮辋宽度和直径都已经标准化，制造商将轮辋标记印在每个车轮上。轮辋标记主要由两个量组成：以英寸为单位的轮辋宽度α和以英寸为单位的轮辋直径D，这两个量用标识深槽轮辋的"×"分开。轮辋宽度后的标记字母表示轮辋角的形状，轮辋直径后的标记字母表示轮辋种类。

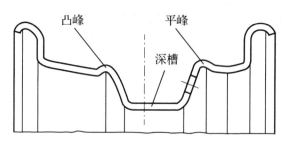

图 3-5 不对称凸峰轮辋

举例：$6\frac{1}{2}J\times15HET35$ 表示的含义如下。

$6\frac{1}{2}$：以英寸为单位的轮辋宽度。

J：轮辋角的形状。

×：一体式轮辋（深槽轮辋）。

15：以英寸为单位的轮辋直径。

H：外轮辋座的凸峰。

ET35：偏差 35mm。

其他轮辋标记及其含义如下。

H2：双侧凸峰。

FH：外轮辋座平峰。

FH2：双侧平峰。

CH：组合凸峰（外轮辋座平峰，内轮辋座凸峰）。

EH：延长凸峰。

SDC：半深槽轮辋。

TD：角高度减少的特殊轮辋，这样可以改善轮胎的舒适性。轮辋肩上的凹槽里有一个凸起部分，这样失压时轮胎不会从凸起部分弹出。

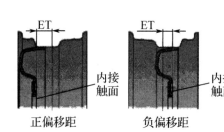

图 3-6 轮辋偏移距

（4）偏移距（ET）。

从轮辋中心到车轮轮毂内接触面（轮胎固定面）的距离称为偏移距（见图 3-6）。通过选择车轮的不同轮辋偏移距，可以改变轮距。

轮辋改变提示：通过改变轮距，其他几何量如主销偏移距和内倾也会发生改变。

正偏移距：轮辋中心的内接触面被推到了车轮外侧。

负偏移距：内接触面被推向车轮内侧。使用有负偏移距的轮辋，可以增加车辆的轮距。

（5）车轮种类。

根据车轮材质不同，可分为轻金属车轮和钢车轮。

钢车轮使用钢板压制而成，轻金属车轮由轻金属合金，如 GK-AlSi10Mg 铸造或锻造而成。轻金属车轮使用新开发的钢材，如 DP600 或 HR60，其外壁薄，而且比现有的用 RSt37 制造的钢车轮轻 40%。

轻金属车轮有以下优点。

① 重量轻。

② 制动排气和散热性能好。

2. 轮胎

（1）对轮胎的要求。

① 能承受汽车的重量。

② 吸收并减轻道路产生的颠簸。

③ 传递驱动力、制动力和侧面滑动力。

④ 低滚动阻力（摩擦少且散热快）。

⑤ 寿命长。

⑥ 滚动时无噪声和振动。

（2）轮胎的结构。

安装轮胎时，需要带阀门的无内胎或有内胎的车轮。充气内胎必须与轮胎的大小相符，更换轮胎时，内胎必须和轮胎同时更换。

轮胎（见图 3-7）由以下部件组成：胎体、轮胎缓冲层（胎面）、带束层（子午线轮胎）、胎侧、内置钢线芯的胎圈、密封橡胶层等。

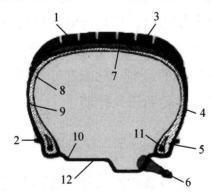

1—轮胎工作面；2—轮辋边缘；3—轮胎缓冲层（胎面）；4—胎侧；5—内置钢线芯的胎圈；6—阀门；7—带束层；
8—密封橡胶层；9—网状的基层（胎体）；10—凸峰；11—胎圈芯；12—轮辋

图 3-7 轮胎结构

① 胎体：由涂胶的用尼龙、人造纤维、钢、聚酯或聚酰胺制造的帘线组成。这些帘线会互相重叠，与行驶方向成弧度（直角），或者成斜纹（锐角）。缠绕时，帘线排布在两个钢圈（胎圈芯）周围并通过硫化固定。

② 轮胎缓冲层（胎面）：由各种组织层和橡胶膜组成，减少振动并保护胎体。配备花纹，其中纵向花纹为轮胎提供侧面力，横向花纹传递驱动力。花纹结构对轮胎的滑水特性、滚动摩擦和噪声特性都有影响。

③ 带束层：由各种包着橡胶的钢线圈、织物纤维或聚酰胺纤维组成。带束层位于胎体表面，并制造成线圈或纤维相互交叉的样子。高速轮胎的带束层可能会折叠起来（见图3-8），以提高稳定性。

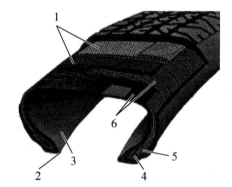

1—折叠聚酰胺带束层；2—胎圈顶；3—密封的橡胶层；
4—胎圈芯；5—胎圈；6—胎体（2层人造纤维）

图3-8 胎体的结构和轮胎内的带束层

当汽车在潮湿地面高速行驶时，会在轮胎和路面形成水楔，能提高路面的附着力并使汽车不易转向。为了快速疏水，花纹必须有一定的形状和足够的深度。

最小花纹深度规定为1.6mm，称为轮胎最小花纹深度，但这个深度在很多情况下都不足以避免滑水的危险，因此轮胎磨损到这个深度时，需要进行更换。

④ 胎侧：具有良好弹性的胎侧保护着胎体，并提升驾驶体验。通过降低胎侧的厚度，提高轮胎的硬度，从而可以改善转向精确度，但是降低了轮胎的弹性和驾驶的舒适性。

⑤ 胎圈：它的作用是将轮胎固定在轮辋中，这样制动力、驱动力和侧面力的传递才能得到保证。因此，胎圈需要用钢线圈制的缆绳（胎圈芯）特制，并且有刚性。在无内胎的轮胎中，胎圈还有一个附加功能，就是将轮胎压入轮辋。

3. 轮胎的尺寸和标记

（1）轮胎规格。

轮胎规格用两个量表示：轮胎宽度和轮辋直径。这两个量的单位是英寸或毫米。然而，轮胎规格中给出的数值和真实轮胎的大小不一定一致，因此，轮胎尺寸的精确值必须从规定表格中读出。所有对轮胎的测量都是在规定气压下无载重时进行的（见图3-9）。

（2）扁平比。

为区别不同的轮胎种类，如低压轮胎、低截面轮胎等，产生了轮胎高度 H 和轮胎宽度 B 的比例，称为扁平比。在轮胎标记中，扁平比以百分比表示。当今的轮胎宽度比高度大。如果轮胎的高度为宽度的70%，则该比例为 $H:B=0.7:1$，称其为70胎。

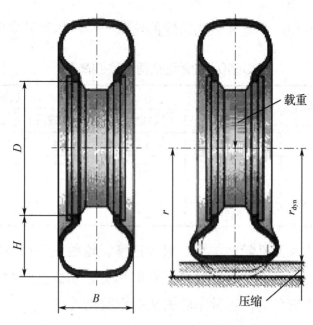

图 3-9　轮胎测量、载重轮胎

（3）有效半径。

一条载重的轮胎半径比不载重的轮胎半径（从车轮中点到路面的距离）小。人们用固定半径 r 表示不载重的轮胎半径。

行驶中的汽车会通过离心力而改变轮胎的压缩情况，这时有效半径又会变大，人们将其表示为动态半径 r_{dyn}。

（4）动态滚动周长 L。

动态滚动周长 L 表示当轮胎以规定气压充气并以规定载重能力负重，且车速为 60km/h 时，轮胎每转一圈所经过的路程。车速的准确性和滚动周长有关。

（5）轮胎速度等级。

轮胎速度等级按照车辆的最大允许速度来区分轿车和商务车的轮胎。每种轮胎的最高速度都用一个字母来标识（见表 3-9）。

表 3-9　轮胎速度等级

轮胎的最高速度/ （km/h）	速 度 标 识	轮胎的最高速度/ （km/h）	速 度 标 识
160	Q	240	V
180	S	270	W
190	T	300	Y
210	H	超过 240	ZR

（6）轮胎承受负荷的能力。

轮胎在规定气压下的最大负荷能力用负荷指数（LI）表示（见表 3-10），该表中数字表示轮胎在规定气压下的最大负荷能力。有些商务车还可以有 PR 标记（轮胎层级）。例如，8RP

表示轮胎上能承受的负荷和一个有 8 层棉帘线的轮胎一样，尽管其实际层数比较少。

表 3-10 轮胎的负荷指数（摘录）

轮 胎 尺 寸	常 规			加固（特殊载重）		
	负荷指数（LI）	最大负荷/kg	压力/bar	负荷指数（LI）	最大负荷/kg	压力/bar
135/80 R 13	70	335	2.4	74	375	2.8
185/70 R 14	88	560	2.5	92	630	2.9
195/65 R 15	91	615	2.5	95	690	2.9
205/50 R 16	87	545	2.5	91	615	2.9

轮胎承受负荷的能力按照其轮胎类型、最大速度、轮胎压力和外倾来决定。这些数据都要从车辆中得出。如果轮胎上有加固或特殊负荷的标记，那么轮胎的结构是加强的。因此可以在气压增大时承受更大的负荷。这种车轮的负荷指数也较高。

4. 轮胎标记举例

（1）ISO 国际质量认证表示方法。

① 195/60R1588H 的解释如下。

195：轮胎宽度为 195mm。

60：扁平比为 60%。

R：子午线轮胎。

15：轮辋直径为 15in（英寸）。

88：载重能力为 560kg。

H：最高速度为 210km/h。

② 335/30ZR18（102W），该轮胎有无级变速标识 Z。括号内的符号表示速度等级，W 表示该轮胎在载重指数 102 时最高速度为 270km/h。如果该汽车允许更高的速度，那么汽车制造商必须出示授权，确定允许的载重能力和速度。

提示：轮胎载重能力在轮胎到达 240km/h 后每升高 10km/h 就减少 5%。

（2）DOT 美国表示方法。

P 195/75 R 14 92 S 的解释如下。

P：车型为客车。

195：轮胎宽度为 195mm。

75：扁平比为 75%。

R：子午线轮胎。

14：轮胎内径为 14in。

92：最大负荷为 630kg。

S：最高速度为 180km/h。

5．按照轮胎的扁平比划分轮胎种类

按照轮胎的扁平比可分为低压轮胎、超低压轮胎、低横截面轮胎、超低横截面轮胎、70号轮胎、60号轮胎、50号轮胎、40号轮胎、35号轮胎等。不同轮胎高和宽的比例会导致不同的操作性能。较宽的胎面和较低的胎侧有很好的安全性，这对汽车速度不断提高有很大的意义。

（1）低压轮胎（扁平比为0.98∶1）：由于其具有较大的轮胎高度而有较好的弹性，但侧面驱动力较差。

（2）超低压轮胎（扁平比为0.95∶1）：以其较宽的形状和较小的内径区别于低压轮胎。

（3）低横截面轮胎（扁平比为0.88∶1）：低横截面轮胎的轮胎宽度在1/2处呈阶梯形，它还可以用字母L（低横截面）表示。

（4）超低横截面轮胎（扁平比为0.82∶1）：超低横截面轮胎用于斜交线轮胎，它于1964年第一次作为子午线轮胎制造（80号轮胎）。

（5）70号轮胎（扁平比为0.7∶1）：70号轮胎的高度占宽度的70%，这个标记是根据这个比例来的，其优点是在道路上附着性强、车辆稳定性好、侧面引导力较高，允许较大的弯道行驶速度。

（6）50号轮胎（扁平比为0.5∶1）：50号轮胎如225/50 R16，高度仅为宽度的一半。因为轮胎滚动周长和195/65 R 15相同，因此轮辋直径较大。

50号轮胎的优点如下。

① 可安装更大、更高效、排气性能更好的制动盘。

② 低横截面引起侧面变形时不易损坏。

③ 弯道转向时侧面稳定性高，较小的偏转角即可得到较大的侧面力，从而使弯道速度较高。

④ 侧面旋转时阻力增加。

⑤ 转向运动的控制更精确。

50号轮胎的缺点如下。

① 滑水性能较差。

② 自减振性能较差，不够舒适。

③ 转向时较费力。

6．按照轮胎胎体结构划分轮胎种类

按照轮胎胎体结构的不同可分为斜交线轮胎和子午线轮胎。

（1）斜交线轮胎。

斜交线轮胎的组织层相互斜向排列，这样帘线与轮胎的行驶方向可以成20°～40°的夹角（见图3-10）。如果夹角较小，轮胎就会变硬，侧面稳定性升高，最高行驶速度就能更高。

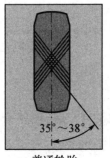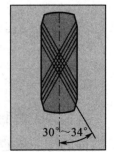

普通轮胎　　　　S型轮胎

图3-10　斜交线轮胎的夹角

（2）子午线轮胎（见图3-11）。

子午线轮胎的所有胎体帘线都互相并排，并按照子午线方式缠绕，即与行驶方向成 90° 夹角。在胎体和轮胎胎面之间有一个与行驶方向约成 20°、由多层织物或钢丝帘布或聚酰胺组成的带束层，这样滚动过程中的胎面形变很小。图 3-11 中表示了两个交叉的钢丝带束层和两个环绕的 0° 尼龙带束层。使用 0° 尼龙带束层可使轮胎有高速稳定性。

速度较小时，子午线轮胎由于加强的带束层而比斜交线轮胎更硬。当速度较高时，软外胎侧的弹簧特性开始产生效力，所以行驶时子午线轮胎比斜交线轮胎更安静。此外，带束层还能带来良好的侧面稳定性及较大的侧面引导力。

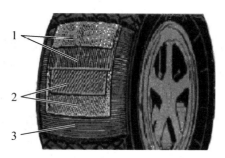

1—0°尼龙带束层（双层）（0°带束层）；2—20°钢丝带束层；3—胎体（2 层人造纤维）

图 3-11 子午线轮胎

（3）无内胎的子午线轮胎（见图3-12）。

无内胎的子午线轮胎密封的橡胶层能防止漏气，尽管如此，随着时间的推移，由于空气分子向外扩散，轮胎还是会产生压力损失，因此应定期检测其轮胎压力。

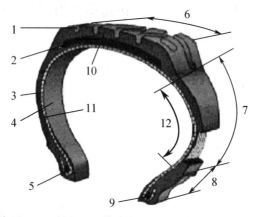

1—负胎面；2—带束层；3—胎侧；4—橡胶内层；5—胎圈芯；6—胎面；7—胎侧范围；
8—胎圈区域；9—胎圈；10—正胎面；11—胎体；12—变形区域

图 3-12 无内胎的子午线轮胎

如果无内胎的子午线轮胎充入的是氮气而不是空气，那么轮胎压力会保持较久。轮胎轮辋内的橡胶阀也必须单侧密封。无内胎的子午线轮胎有"Tubeless（无内胎）"或"sl"标志。

无内胎的子午线轮胎的优点如下。

① 热量产生较少，因为不会产生轮胎和内胎之间的摩擦。

② 重量轻，安装方便。

7. 冬季轮胎

冬季轮胎一改以前粗糙的胎面，现在使用较小的胎面开槽，且带有光滑的散热片。通过这些光滑的散热片，在冬季的行车道上，轮胎可以和雪层或淤泥层更好地啮合。为了使胎面在橡胶的深层温度≤7℃的情况下保持弹性，会混合进硅酸（硅石）或天然橡胶。

冬季轮胎的优点如下。

（1）轮胎和表面之间的附着力更好。

（2）滚动阻力小。

（3）胎面附着力好（自生热量少）。

8. 磨损指示

胎面磨损指示是胎面基础上突出的部分（见图 3-13）。如果胎面磨损到规定的最小胎面深度 1.6mm 以下，那么磨损指示和胎面一样高。磨损指示在轮胎胎面上的位置，用字母 TWI（胎面磨损指示）或用三角形标出。

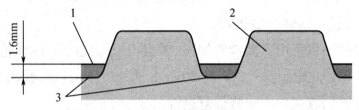

1—胎面磨损指示（TWI）；2—轮胎胎面；3—胎面基础

图 3-13　胎面磨损指示

当轮胎胎面深度较小且道路潮湿时，如果高速行驶或制动距离增加，就会有较大的滑水危险，这时，如果磨损指示与道路接触，那么建议更换轮胎。

9. 维修提示

（1）在拆除车轮前，必须保证汽车不会滚动。

（2）请只使用和轮胎相配的轮辋。

（3）检查轮辋是否有裂缝并避免其生锈。

（4）用十字螺钉旋具以规定的拧紧扭矩安装车轮螺母。

（5）注意规定的气压，以避免轮胎寿命的减少。

（6）汽车不能混合安装斜角线轮胎和子午线轮胎。

（7）同轴上只能使用结构和胎面相同的轮胎。

（8）在拆除车轮后，做好标记并将其存放在阴凉干燥处。

（9）不要将车轮竖起，也不要将超过四个的轮胎叠放在一起。

3.3.2.2 防爆系统

防爆系统可能缓解或防止由于轮胎突然漏气（特别是在高速行驶时）发生的紧急行驶情况。通常来说，防爆系统可以使轮胎支持到下一个维修站而不需要更换。防爆系统是有应急自我保护功能的车轮/轮胎系统。

1. 防爆系统的应用范围

（1）使用常规轮辋的系统。

（2）由特殊轮辋和相配的轮胎组成的系统。

两种系统都必须按规定安装胎压监测系统，以使驾驶员知道轮胎内的压力损失，以便调整行驶速度继续行驶。

2. 带常规轮辋的系统

（1）支撑环（CSR）。

带弹性支撑的轻金属环安装在轮辋上。当漏气时，该环能支撑轮胎，而不会向内影响胎侧或由于摩擦热量而影响轮胎，当汽车降低速度后，还可以继续行驶约达200km的距离。扁平比大于60%的轮胎比较适合此系统，其他的轮胎都无法安装。

（2）自支撑防爆轮胎（SSR，DSST）。

自支撑防爆轮胎的胎侧使用大量橡胶加强。在零压力状态下，这种轮胎仍然靠胎圈支撑，这样就不会滑落进深槽。此轮胎漏气后，在80km/h的速度下可以行驶约200km，但是加强胎侧后，会因为路面颠簸的较强传递而降低舒适性。

3. 带特殊轮辋和轮胎的系统

（1）PAX（胎唇垂直锚泊轮胎）系统。

PAX系统（见图3-14）由一个带内置支撑环的特殊轮辋和一个与之相配的轮胎组成，是一种包括以下四种元素的固定组合，即全新结构的轮胎、特制的轮辋、内置支撑环和胎压传感器，其轮胎用一个垂直的地脚螺栓固定在轮辋上。

（2）轮辋。

PAX系统的轮辋非常扁平，只需要一个很小的安装槽就可以固定在深床上，并不提供轮缘，两个凸峰在轮辋外侧。通过轮辋的扁平形状能够为大制动盘提供轮辋直径。

（3）轮胎。

PAX系统的轮胎胎侧比较短，这样可以提高其刚度。这种轮胎所产生的侧面力使接触面变形较小，从而改善了路面附着性并减小了其滚动阻力。

由于轮胎胎圈位于外凸峰的一个槽内，所有作用于轮胎的力都会在胎体上产生拉伸应力，使胎圈总是被压进槽内（见图3-15）。垂直地脚螺栓可以保证胎圈即使在轮胎失压的情况下也不会从轮辋中滑出。

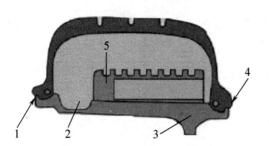
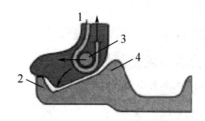

1—凸峰；2—安装槽；3—轮辋；
4—轮辋边缘保护；5—内置支撑环

图 3-14　PAX 系统

1—胎体上的拉伸应力；2—外凸峰；
3—胎圈芯；4—内部阻块

图 3-15　轮胎胎圈的垂直地脚螺栓

（4）内置支撑环活动衬垫。

内置支撑环活动衬垫是一个套在轮辋上的弹性环，通过其较高的承重能力，可以在失压时支撑轮胎，使其在 80km/h 的速度下仍可行驶约 200km。

PAX 系统的规格标记及其含义。

205/650R 440A 的解释如下。

205：用毫米标示的轮胎宽度。

650：用毫米标示的轮胎外直径。

R：子午线结构方式。

440：用毫米标示的中间轮辋位置直径。

A：不对称位置。

（5）胎压传感器。

PAX 系统的设计者为每个轮胎安装一个胎压传感器，以便在漏气时发出信号到仪表盘上，通知驾驶员。

3.3.2.3　胎压监测系统

胎压监测系统能发现轮胎漏气并及时通知驾驶员。

1. 汽车上会安装的两种胎压监测系统

（1）间接测量系统。

漏气时，轮胎的滚动周长会变小，漏气轮胎的转数就要比其他轮胎的转数高。转数由 ABS 或 ESP 的传感器测量，但是只有当轮胎之间的气压差大于 30% 时，才会通知驾驶员。

（2）直接测量系统。

① 直接测量系统的压力直接由轮胎内的传感器测量，并要完成以下任务。

a．在行驶和停止时不断监测轮胎气压。

b．在漏气、气压减小和轮胎故障时及时向驾驶员报警。

c．车轮自动识别及车轮定位。

② 直接测量系统由以下部件构成。

a．每个车轮都有一个胎压传感器。

b. 胎压监测天线。

c. 带显示器的组合仪表。

d. 胎压监测控制器。

e. 功能选择开关。

2. 胎压感应器

胎压感应器用螺母与金属阀固定在一起，在更换轮胎或轮辋后，该装置仍可继续使用。此外它还与一个温度感应器、一个发射天线、测量及控制电子装置及 7 年寿命的电池组合在一起。因为轮胎内压受温度影响而发生改变，测量到的压力会在胎压监测控制器内被调节到 20℃时的压力。

在更换轮胎时，为了不影响胎压感应器，必须将轮胎推向阀门的另一侧。

3. 胎压监测控制器

胎压监测控制器通过发射天线得到以下信息。

（1）单独的识别码（ID Code），用于车轮识别。

（2）即时轮胎内压及即时温度。

（3）电池情况。

胎压监测控制器将天线传递的胎压监测信号进行分析评估，并按照优先性将信息显示在显示屏上，提供给驾驶员。如果车上的车轮交换，如前轮换到后轮，那么胎压监测控制器必须将变换过的压力重新编码。

4. 车轮识别

汽车上的胎压感应器会由胎压监测控制器识别并储存。在行驶时，这种识别可以避免胎压监测控制器受到附近其他车辆胎压感应器的影响。

请完成"3.3.2 认识汽车轮胎"部分的阅读，并完成下列各题。

（1）车轮由_____、_____及_____组成。

（2）根据图示描述故障现象。

 故障现象：

原因：

 故障现象：

原因：

（3）指出标记的名称和最小值。

 名称：

最小值：

（4）下图为制动距离与花纹深度的关系。

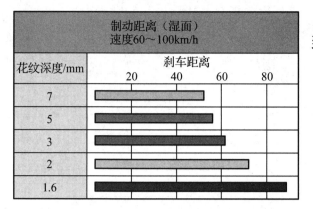

花纹深度/mm	刹车距离
7	
5	
3	
2	
1.6	

① 读左图，制动距离从花纹深度 7mm 到 1.6mm 变化了多少？

② 为什么会这样？

（5）轮胎标识含义。

195 ＿＿＿＿＿＿＿＿＿＿＿　　15 ＿＿＿＿＿＿＿＿＿＿＿

65 ＿＿＿＿＿＿＿＿＿＿＿　　　　　91 ＿＿＿＿＿＿＿＿＿＿＿

＿＿＿＿＿＿＿＿＿＿＿　　　　　V ＿＿＿＿＿＿＿＿＿＿＿

R ＿＿＿＿＿＿＿＿＿＿＿

（6）轮胎规格通过两个量表示：＿＿＿＿＿和＿＿＿＿。以英寸或毫米为单位。

（7）扁平比是轮胎的＿＿＿＿和＿＿＿＿之比。

（8）轮胎按照轮胎胎体结构的不同可分为＿＿＿＿＿＿＿＿、＿＿＿＿＿＿＿＿＿两种。

（9）轮胎检测时，除检测花纹深度外，还要检测胎压，胎压过低有什么影响呢？

（10）滚动周长相同的情况下为什么选择内径大的轮胎？

（11）指出下图中轮胎的种类和应用范围。

种类：

应用范围：

种类：

应用范围：

（12）子午线轮胎相对于斜交线轮胎的优势是什么？

（13）轮胎结构认知。

1. _____	6. _____
2. _____	7. _____
3. _____	8. _____
4. _____	9. _____
5. _____	

（14）轮辋有_____、_____两种。

（15）下面为轮辋上的标记，试写出各符号的含义。

$6 \frac{1}{2}$ J X 15 H2 ET 37

$6 \frac{1}{2}$：

J：

H2：

X：

15：

ET 37：

3.3.3 长途行驶前的检查

3.3.3.1 外观检查

环视汽车四周，检查灯罩有无损坏和脏污；检查车体饰物的固定情况；检查后视镜的情况；检查车窗玻璃有无损伤和脏污；检查车身有无倾斜及剐蹭；检查地面有无油污和水渍。

（1）检查车轮及备胎。

检查轮胎胎压（见图3-16），清理轮胎表面的杂物；检查轮胎胎肩有无损伤；检查车轮的紧固螺母有无松动（见图3-17）。

（2）检查随车工具。

检查随车工具是否齐全，包括千斤顶、三角警示牌、灭火器等（见图3-18）。

3.3.3.2 发动机舱内检查

1. 安装防护

车辆防护主要分为内防护和外防护，内防护分为座椅罩、转向盘罩和地板垫，外防护分为左、右翼子板布和前罩。

图 3-16　检查轮胎胎压

图 3-17　检查车轮的紧固螺母

（1）安装座椅罩。

将座椅罩展开，找到上端开口处，罩在座椅头枕上，从上往下铺开（见图 3-19）。

图 3-18　检查随车工具

图 3-19　安装座椅罩

（2）安装地板垫。

将地板垫平整地放在脚踏板下方（见图 3-20）。

（3）安装转向盘罩。

将转向盘罩展开，从转向盘的上方套入，固定上方，按转向盘的形状顺势拉下（见图 3-21）。

图 3-20　安装地板垫

图 3-21　安装转向盘罩

（4）安装翼子板布和前罩。

发动机舱盖开关在驾驶室左侧仪表台下方，找到开关，拉起开关。用手顺着发动机舱盖下沿摸到开关，打开舱盖，用支撑杆支撑在指定位置，确认支撑牢固。展开翼子板布和前罩，按照要求铺放整齐（见图3-22）。

（5）安装车轮挡块。

将四个车轮挡块分别安装在非转向轮的前后（见图3-23）。

图 3-22　安装翼子板布和前罩

图 3-23　安装车轮挡块

（6）安装车辆尾排。

拉下尾排管，并安装在排气口处（见图3-24）。

2．油液检查

（1）检查冷却液液位。

在冷车状态（发动机水温低于60℃）下，查看膨胀水壶上的液位，应在最高位（max）与最低位（min）之间（见图3-25）。

图 3-24　安装车辆尾排

图 3-25　检查冷却液液位

（2）检查制动液液位。

在车辆停稳状态下，查看制动液储液罐标记，液位应处在最高位与最低位之间（见图3-26）。

（3）检查刮水器喷洗液液位。

目测刮水器喷洗液液位，酌情添加（见图3-27）。

图 3-26　检查制动液液位

图 3-27　检查刮水器喷洗液液位

（4）检查发动机油液位。

先拔出发动机油标尺，用布擦拭干净；再次插入发动机油标尺（见图 3-28），查看发动机油浸湿的位置（见图 3-29），液位应在最高位（max）和最低位（min）之间。

图 3-28　检查发动机油液位

图 3-29　查看发动机油浸湿的位置

（5）检查各处油、液、气管路是否有渗漏。

仔细检查各处油、液、气管路连接情况，确保管路无老化，接头处无泄漏；目测检查导线及各处线束接头，必要时用手晃动，检查是否连接牢靠（见图 3-30）。

3. 检查蓄电池电压

将万用表调至电压挡，测量蓄电池电压（见图 3-31）。

图 3-30　检查各处油、液、气管路

图 3-31　测量蓄电池电压

3.3.3.3 灯光检查（双人配合）

检查车辆灯光

1. 检查示宽灯

旋动主灯光旋钮至示宽灯挡位（见图3-32），使用示宽灯手势（见图3-33），示宽灯应正常被点亮（见图3-34）。

图 3-32　示宽灯开关　　　　图 3-33　示宽灯手势　　　　图 3-34　点亮示宽灯

2. 检查近光灯

旋动主灯光旋钮至近光灯挡位（见图3-35），使用近光灯手势（见图3-36），近光灯应正常被点亮（见图3-37）。

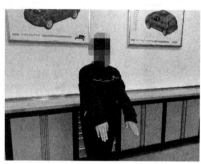

图 3-35　近光灯开关　　　　图 3-36　近光灯手势　　　　图 3-37　点亮近光灯

3. 检查远光灯

将灯光控制杆推至远光灯挡位（见图3-38），使用远光灯手势（见图3-39），远光灯应正常被点亮（见图3-40）。

图 3-38　远光灯开关　　　　图 3-39　远光灯手势　　　　图 3-40　点亮远光灯

4. 检查前雾灯

旋动主灯光旋钮至前雾灯挡位（见图3-41），使用前雾灯手势（见图3-42），前雾灯应正常被点亮（见图 3-43）。

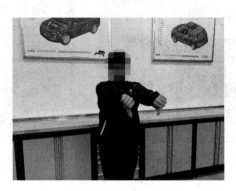

图 3-41　前雾灯开关　　　图 3-42　前雾灯手势　　　图 3-43　点亮前雾灯

5. 检查左转向灯

向下拨动灯光控制杆（见图 3-44），使用左转向灯手势（见图 3-45），左转向灯应正常被点亮（见图 3-46）。

图 3-44　左转向灯开关　　　图 3-45　左转向灯手势　　　图 3-46　点亮左转向灯

6. 检查右转向灯

向上拨动灯光控制杆（见图 3-47），使用右转向灯手势（见图 3-48），右转向灯应正常被点亮（见图 3-49）。

图 3-47　右转向灯开关　　　图 3-48　右转向灯手势　　　图 3-49　点亮右转向灯

7. 检查危险警告灯

按下位于仪表台中部的危险警告灯开关（见图 3-50），使用危险警告灯手势（见图 3-51），危险警告灯应正常被点亮（见图 3-52）。

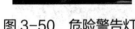

图 3-50 危险警告灯

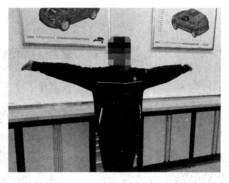

图 3-51 危险警告灯手势

图 3-52 点亮危险警告灯

8. 检查尾灯及牌照灯

旋动主灯光旋钮至示宽灯挡位（见图 3-53），使用尾灯手势（见图 3-54），尾灯及牌照灯应正常被点亮（见图 3-55）。

图 3-53 尾灯开关

图 3-54 尾灯手势

图 3-55 点亮尾灯及牌照灯

9. 检查制动灯

踩下制动踏板，使用制动灯手势（见图 3-56），车辆后部制动灯应正常被点亮（见图 3-57）。

图 3-56 制动灯手势

图 3-57 点亮制动灯

10. 检查倒车灯

将变速杆挂入倒挡，使用倒车灯手势（见图 3-58），车辆后部倒车灯应正常被点亮（见图 3-59）。

图 3-58　倒车灯手势　　　　　　图 3-59　点亮倒车灯

11. 检查后雾灯

将灯光主旋钮在示宽灯开启状态下，向外拔出两个挡位，使用后雾灯手势（见图 3-60），后雾灯应正常被点亮（见图 3-61）。

图 3-60　后雾灯手势　　　　　　图 3-61　点亮后雾灯

3.3.3.4　功能操作检查

1. 将点火开关拨至 ON 挡检查

将点火开关拨至 ON 挡。

（1）检查充电指示灯。

观察仪表板，充电指示灯应长亮（见图 3-62）。

（2）检查燃油表。

观察仪表板，燃油表应显示燃油充足（见图 3-63）。

图 3-62　充电指示灯　　　　　　图 3-63　燃油表

（3）检查机油压力警告灯。

观察仪表板，机油压力警告灯应长亮（见图3-64）。

（4）检查仪表照明灯。

观察仪表板，仪表照明灯应正常被点亮。

（5）检查ABS指示灯。

观察仪表板，ABS指示灯应长亮（车型不同显示会有所不同，需要查阅维修手册）（见图3-65）。

图 3-64　机油压力警告灯

图 3-65　ABS 指示灯

（6）检查驻车指示灯。

观察仪表板，拉起驻车制动器拉杆，驻车指示灯应被点亮；释放驻车制动器拉杆，驻车指示灯应熄灭（见图3-66）。

（7）检查冷却液温度表。

观察仪表板，冷却液温度表指示正常（见图3-67）。

图 3-66　驻车指示灯

图 3-67　冷却液温度表

2. 发动机运行时检查

（1）检查充电指示灯。

正常情况启动时充电指示灯被点亮，发动机运转后此灯应熄灭。

（2）检查机油压力警告灯。

正常情况启动时机油压力警告灯被点亮，发动机运转后此灯应熄灭。

（3）检查 ABS 指示灯。

正常情况启动时 ABS 指示灯被点亮，发动机运转后此灯应熄灭。

（4）检查安全气囊指示灯。

正常情况启动时安全气囊指示灯被点亮，发动机运转后此灯应熄灭。

3. 检查空调系统

先打开鼓风机开关，再打开空调 A/C 开关，检查空调系统是否正常工作（见图 3-68）。

4. 用诊断仪检查有无故障码

连接诊断仪，检查有无故障码。若有，则需进一步检查，排除故障（见图 3-69）。

图 3-68 A/C 开关   图 3-69 检查故障码

检查底盘螺栓

3.3.3.5 底盘螺栓检查

检查目的：汽车上用螺栓、螺母连接的紧固件有很多，应保证其有足够的预紧力，但也不能拧得过紧。若拧得过紧，则一方面将使连接件在外力的作用下产生永久变形，另一方面将使螺栓产生拉伸永久变形，预紧力反而下降，甚至造成滑扣或折断现象。若拧得过松，则无法达到紧固要求，产生松动或零件脱落。

使用扭矩扳手检查底盘螺栓时，调整扭矩和锁紧动作要规范，要采用拉力形势紧固螺栓，防止在使用过程中因打滑而造成的人身伤害。所有螺栓在紧固过程中，仅有松动的螺栓在紧固后需要加角度复紧，否则只需要紧固到标准扭矩。

（1）使用扭矩扳手检查并紧固左、右副梁与车身螺栓（见图 3-70），标准扭矩为 100 N·m 加 90°。

（2）使用扭矩扳手检查并紧固左、右副梁与摆臂衬套螺栓（见图 3-71），标准扭矩为 70N·m 加 90°。

（3）使用扭矩扳手检查并紧固摆动支架与变速器支架螺栓（见图 3-72），标准扭矩为 50N·m。

（4）使用扭矩扳手检查并紧固副梁与转向机固定螺栓（见图 3-73），标准扭矩为 20N·m 加 90°。

图 3-70 左、右副梁与车身螺栓紧固

图 3-71 左、右副梁与摆臂衬套螺栓紧固

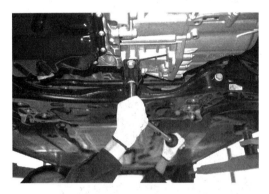

图 3-72 摆动支架与变速器支架螺栓紧固

图 3-73 副梁与转向机固定螺栓紧固

（5）使用扭矩扳手检查并紧固左、右侧后桥支架与车身连接螺栓（见图 3-74），标准扭矩为 75N·m。

（6）使用扭矩扳手检查并紧固左、右侧后桥支架与桥梁连接螺栓（见图 3-75），标准扭矩为 80N·m。

图 3-74 左、右侧后桥支架与车身连接螺栓紧固

图 3-75 左、右侧后桥支架与桥梁连接螺栓紧固

请完成"3.3.3 对车辆进行长途行驶前的检查"部分的阅读，并完成下列各题。

1. 在冷车状态下，查看膨胀水壶上的液位，应在_____与_____之间。

2. 使用扭矩扳手检查并紧固左、右副梁与车身螺栓，标准扭矩为_____。

3. 对车辆进行长途行驶前检查，需要检查哪些项目？

4．请简述检查底盘螺栓的目的。

5．请简述检查灯光的种类。

3.3.4　新能源车辆移交检查与保养

1．充电方式

充电方式主要包括交流充电桩充电、充电站直流充电、无线充电及快速换电四种。目前常用的充电方式有交流充电桩充电和充电站直流充电。

2．充电模式

按照国家标准，将上述几种充电方式划分为以下四种模式。

充电模式 1（见图 3-76）将电动汽车连接到交流电网（电源）时，在电源侧使用了符合要求的插头、插座，在电源侧使用了相线、中性线和接地保护的导体。充电模式 1 应采用单相交流供电，且不允许超过 8A 和 250V。由于供电插座与电动汽车直接相连，没有充电控制和保护装置，所以不应使用充电模式 1 对电动汽车进行直接充电。

图 3-76　充电模式 1

充电模式 2（见图 3-77）在电源侧使用了符合要求的插头、插座，在电源侧使用了相线、中性线和接地保护的导体，并且在充电连接时使用了缆上控制与保护装置（IC-CPD）。充电模式 2 也称为"家用充电"，采用单相交流供电，属于交流慢充。充电模式 2 的电源侧使用 16A 插头、插座充电时，输出电流不能超过 13A；电源侧使用 10A 插头、插座充电时，输出电流不能超过 8A，控制盒具备剩余电流保护和过流保护功能。

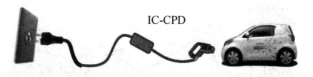

图 3-77　充电模式 2

充电模式 3（见图 3-78）将电动汽车连接到交流网时，使用了专用供电设备（交流充电桩或慢充桩），将电动汽车与交流电网连接，并且在专用供电设备上安装了控制导引装置。

图 3-78　充电模式 3

充电模式 3 属于"交流慢充"，有三种连接方式（见图 3-79），同时应满足以下要求。

（1）供电设备具备剩余电流保护装置。

（2）采用单相供电时，电流应不大于 32A。

（3）采用三相供电时，电流应不大于 63A。电流大于 32A 时应采用连接方式 C。

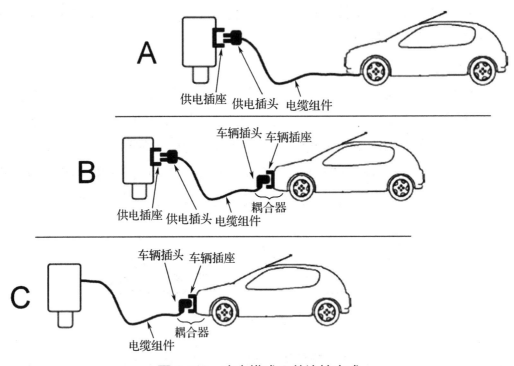

图 3-79　充电模式 3 的连接方式

充电模式 4（见图 3-80）将电动汽车连接到直流电网时，使用了带控制导引功能的直流供电设备（直流充电桩或快充桩），只能使用连接方式 C。充电模式 4 是"直流快充"，通常情况下 0.5h 可以将电池充到 80% 的电量。

图 3-80　充电模式 4

电压优选值：200～500V，350～700V，500～950V。

直流优选值：80A，100A，125A，160A，200A，250A。

3．充电口

特斯拉 model3 充电口位于传统汽车加油口位置（见图 3-81），充电口盖板的开启可单击屏幕触控开关（见图 3-82）或用手机 App"Tesla"开启（见图 3-83）。快充口和慢充口集成在一起，左侧为慢充口，右侧为快充口。

图 3-81　特斯拉 model3 充电口位置

图 3-82　屏幕触控开关

图 3-83　用手机 App"Tesla"开启

吉利 EV450 充电口位置（见图 3-84），慢充口位于车辆左侧翼子板上，快充口位于传统汽车加油口位置。

4．充电操作

使用充电模式 2 为电动汽车充电的操作流程如下。

（1）取出充电线缆，将充电线缆的电源插头插入 AC220V 供电插座中，控制盒上的电源指示灯被点亮。注意：使用符合国标的 10A 或 16A 的供电插座。

（2）在车辆解锁状态下，取下交流充电口保护盖。

（3）按下充电枪上的按钮（微动开关），将充电枪插入车辆交流充电口。

（4）充电自动运行，组合仪表上的充电线连接指示灯和充电状态指示灯被点亮，显示充电电压、充电电流和剩余时间等信息。

1—车载充电机；2—电动机控制器；3—慢充口；4—快充口

图 3-84　吉利 EV450 充电口位置

（5）充电结束后，车辆解锁，按下充电枪上的按钮（微动开关）并取出充电枪。

（6）拔下充电线缆的电源插头，安装充电口保护盖。

注意：对于交流充电电流大于 16A 的车辆，在慢充口有一个电子锁，当车辆充电时，电子锁将充电枪锁止。充电结束后，使用车钥匙遥控器释放电子锁。如遇特殊情况，无法解锁充电枪时，则可使用应急拉索解开慢充口电子锁，吉利 EV450 充电枪应急拉索（见图 3-85）位于前发动机舱左侧；上汽大众朗逸纯电版充电枪应急拉索（见图 3-86）位于后备箱内部右侧。

图 3-85　吉利 EV450 充电枪应急拉索

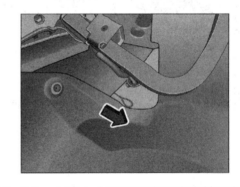

图 3-86　上汽大众朗逸纯电版充电枪应急拉索

充电模式 3 和充电模式 4 的充电操作按充电桩的提示操作即可。手机用户可以选择 App/微信/支付宝进行操作，刷卡用户可以选择充电模式进行操作，包括自动充电、按金额充电、按电量充电和按时间充电。

充电时的注意事项如下。

（1）充电前要检查供电设备及充电连接装置的充电口内是否有异物及腐蚀情况。

（2）不允许使用外接转换头及插线板，确保电源插座接地线良好，尽量使用专用线路充电。

（3）不要用力拉拽、扭转充电枪电缆。

（4）不要使充电设备承受撞击。

（5）不要将充电设备靠近加热器或其他热源。

（6）应选择在通风处充电，且车内不要有人。

（7）充电时先连接电源插头，再连接车端的充电枪。停止充电时按相反顺序操作，不可颠倒顺序。

（8）避免插头发热（松动虚接、接触氧化），及时清除氧化物。

（9）避免在雷雨天气、高温暴晒户外充电。

（10）充电时发现车内散发刺鼻气味或烟，应立即停止充电。

通常情况下，插入充电枪后，车辆会立即充电。此外，用户还可以根据实际需要（如出发时间或低谷电价）进行预约充电或延时充电。

北汽 EV160 预约充电：按下转向盘左下方的 REMOTE 按钮（见图 3-87），绿色指示灯亮起，进入预约充电模式。此时车辆不会立即充电，可以使用手机 App 功能（见图 3-88）进行定时充电或远程充电。

图 3-87　REMOTE 按钮

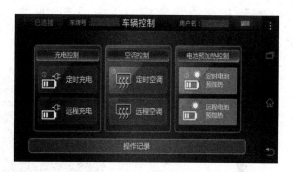

图 3-88　手机 App 功能

5. 充电显示

北汽 EV160 的充电显示：车辆进入充电状态后，组合仪表自动点亮，充电正常显示（见图 3-89）。如果车辆无法充电，那么组合仪表出现充电故障显示（见图 3-90），10s 后屏幕熄灭。若要再次查看信息，则可以按下遥控器或仪表盘上的按钮 B 来重新点亮屏幕。

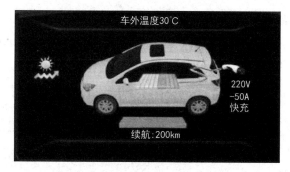

图 3-89　充电正常显示

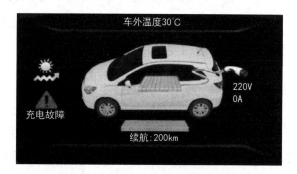

图 3-90　充电故障显示

吉利 EV450 的充电显示：充电时，组合仪表会显示充电线连接指示灯、动力电池充电指示灯、充电电流及充电剩余时间。同时，在车辆慢充口还有一个环形指示灯（见图 3-91），进行车辆充电时，指示灯会根据当前的充电状态显示不同的颜色、闪烁或常亮（见图 3-92）。

图 3-91　慢充口环形指示灯

图 3-92　指示灯颜色说明

吉利 EV450 具有应急供电功能（见图 3-93），使用车辆随车配备的供电设备可提供 220V 交流电源，方便在外出时使用。

图 3-93　应急供电功能

请完成"3.3.4 新能源车辆移交检查与保养"部分的阅读，并完成下列各题。

（1）充电模式 2 在充电枪与供电电源之间有＿＿＿＿＿＿，当电源侧使用 16A 插头、插座充电时，输出电流不能超过＿＿＿＿；当电源侧使用 10A 插头、插座充电时，输出电流不能超过＿＿＿＿。

（2）充电模式 3 有＿＿＿＿种连接方式。当使用单相供电时，电流应不大于＿＿＿＿。

（3）充电模式 4 使用了带控制导引功能的＿＿＿＿，只能使用连接方式＿＿＿，通常情况下 0.5h 可以将电池充到＿＿＿＿的电量。

（4）充电时的注意事项。

① 充电前要检查供电设备及充电连接装置的充电口内＿＿＿＿＿＿。

② 不允许使用外接转换头及插线板,确保电源插座接地线良好,尽量使用_____充电。

③ 不要用力拉拽、_____充电枪电缆。

④ 不要使充电设备承受_____。

⑤ 不要将充电设备靠近_____。

⑥ 应选择在_____充电,且车内不要有人。

⑦ 充电时先连接_____,再连接_____。停止充电时按相反顺序操作,不可颠倒顺序。

⑧ 避免插头发热(松动虚接、接触氧化),及时清除_____。

⑨ 避免在雷雨天气、_____充电。

⑩ 充电时发现车内散发刺鼻气味或烟,应立即_____。

3.4 计划与决策

3.4.1 制订长途行驶前检查工作计划

请回顾任务情境,应用本单元学到的知识和技能,制订长途行驶前检查工作计划,为实车操作做准备。

长途行驶前检查工作计划

客户需求描述:					
人员分工: 负责人: 操作员: 记录员: 安全员: 质检员: 双人协作要点:					
任务计划完成时间: 分钟			任务实际完成时间: 分钟		
一、车辆基本信息					
车型			VIN 码		
人员分工					
二、工具设备准备					
□车外防护用品 □车内防护用品 □清洁用品 □车钥匙 □车轮挡块 □尾排					
三、操作步骤					
步骤	操作要点及注意事项		人员具体分工		操作情况记录
1. 环车检查					□完成

步骤	操作要点及注意事项	人员具体分工	操作情况记录
2．车身防护			□完成
3．安放车轮挡块			□完成
4．安装车辆尾排			□完成
5．发动机舱内检查			□完成
6．轮胎检查			□完成
7．灯光检查			□完成
8．ACC挡检查			□完成
9．发动机运转时检查			□完成
10．刮水器检查			□完成
11．空调系统检查			□完成
12．诊断器检查			□完成
13．车辆部件检查			□完成
四、维修建议			

3.4.2 确定任务实施内容及步骤

请向客户/维修师傅展示工作计划，确认任务计划的可实施性，征询他们的意见和建议，并修订工作计划（包括有几种维修方式供选择，是否有可做或可不做的检修项目，各有什么优缺点，是否考虑工作步骤的正确性、规范性和合理性，以及工作过程的安全性、环保性，是否考虑经济效益、工作效率、美观性和便利性等）。

展示对象：□客户　　　□维修师傅

工作计划展示的顺序及要点（用关键词的方式书写）：

客户/维修师傅的意见和建议：

工作计划的可实施性：　　　□可以实施　　　□不可以实施

建议：

3.5 任务实施

3.5.1 长途行驶前检查安全注意事项

在进行长途行驶前检查的过程中，一定要确保以下操作，保证操作安全。

（1）挡位应处于空挡位置，手刹拉起。

（2）安装车轮挡块、尾排。

（3）启动车辆时，确保车前无人。

（4）挂入倒挡（R 挡）时一定要踩住制动踏板（自动挡）/不能松开离合（手动挡），直至重新挂入空挡（N 挡）。

3.5.2 车辆灯光检查实车操作

请严格按照工作计划进行实车操作，做好操作记录。

1. 环车检查

检 查 项 目	检 查 结 果	维 修 建 议
车身		
车漆		

2. 车辆防护

□座椅罩 □转向盘罩 □地板垫 □翼子板布 □前罩 □车轮挡块 □尾排

3. 检查轮胎状态

检 查 项 目	左　前	左　后	右　前	右　后	维 修 建 议
轮胎滚动面是否有异物					
轮胎滚动面单侧磨损					
轮胎花纹上是否有毛刺					
胎侧是否有异物					
胎侧是否有切口或刺穿					
胎纹深度					
轮胎气压					

4. 发动机舱内检查

检 查 项 目	检 查 结 果	维 修 建 议
发动机冷却液液位	□偏低　□适量　□偏高	
制动液液位	□偏低　□适量　□偏高	
转向传动液液位	□偏低　□适量　□偏高	
刮水器喷洗液液位	□偏低　□适量　□偏高	
发动机油液位	□偏低　□适量　□偏高	
油、液、气路管线	□渗漏　□正常	
蓄电池电压	□偏低　□正常	

5. 在进行灯光检查时，请在下表中记录检查结果。

检 查 项 目		检 查 结 果	仪表上点亮的指示灯	控 制 开 关
前示宽灯	左	□正常　□不正常	仪表板灯	灯光总开关 1 挡
	右	□正常　□不正常	示宽灯	

续表

检 查 项 目		检 查 结 果	仪表上点亮的指示灯	控 制 开 关
近光灯	左	□正常　□不正常	近光指示灯	灯光总开关 2 挡
	右	□正常　□不正常		
远光灯	左	□正常　□不正常	远光指示灯	变光开关
	右	□正常　□不正常		
超车灯	左	□正常　□不正常	远光指示灯	超车灯开关
	右	□正常　□不正常		
前雾灯	左	□正常　□不正常	前雾灯指示灯	雾灯开关 1 挡
	右	□正常　□不正常		
前转向灯	左	□正常　□不正常 转向回正功能　　□正常　□不正常	转向指示灯	转向灯开关
	右	□正常　□不正常 转向回正功能　　□正常　□不正常		
前安全警告灯	左	□正常　□不正常	转向指示灯	安全警告灯开关
	右	□正常　□不正常		
后示宽灯（尾灯）	左	□正常　□不正常	仪表板灯 示宽灯	灯光总开关 1 挡
	右	□正常　□不正常		
后雾灯	左	□正常　□不正常	雾灯指示灯	雾灯开关 2 挡
	右	□正常　□不正常		
后转向灯	左	□正常　□不正常	转向指示灯	转向灯开关
	右	□正常　□不正常		
后安全警告灯	左	□正常　□不正常	转向指示灯	安全警告灯开关
	右	□正常　□不正常		
制动灯	左	□正常　□不正常	—	踩下制动踏板
	右	□正常　□不正常		
	高位	□正常　□不正常		
倒车灯	左	□正常　□不正常	—	挂倒挡
	右	□正常　□不正常		
牌照灯		□正常　□不正常	—	灯光总开关 1 挡
仪表板灯		□正常　□不正常	—	灯光总开关 1 挡
顶灯		□正常　□不正常	—	顶灯开关各挡位：开、 关、门控

6. ACC 挡检查

检 查 项 目	检 查 结 果	维 修 建 议
充电指示灯	□正常□存在问题：	
燃油表	□正常□存在问题：	
机油压力警告灯	□正常□存在问题：	

续表

检 查 项 目	检 查 结 果	维 修 建 议
仪表照明灯	□正常□存在问题:	
ABS 指示灯	□正常□存在问题:	
驻车灯	□正常□存在问题:	
冷却液温度表	□正常□存在问题:	

7. 发动机运转时检查

检 查 项 目	检 查 结 果	维 修 建 议
充电指示灯	□正常□存在问题:	
机油压力警告灯	□正常□存在问题:	
ABS 指示灯	□正常□存在问题:	
安全气囊灯	□正常□存在问题:	

8. 功能操作检查

检 查 项 目	检 查 结 果	维 修 建 议
刮水器	□正常□存在问题:	
空调系统	□正常□存在问题:	
诊断仪诊断	□正常□存在问题:	

9. 车辆部件检查

检 查 项 目	检 查 结 果	维 修 建 议
部件连接处	□正常□存在问题:	
转向机座	□正常□存在问题:	
转向连接机构	□正常□存在问题:	
制动软管	□正常□存在问题:	
传动万向节	□正常□存在问题:	
发动机支架螺栓	□正常□存在问题:	
车轮传动情况	□正常□存在问题:	
制动片厚度	□正常□存在问题:	
减振器	□正常□存在问题:	

10. 在进行灯光检查时，请依据下面的评价表对操作过程进行评价。

汽车灯光检查评价表

说明：操作步骤、评估要点属于专业技能，按照应得分打分；责任担当、安全规范、合作沟通属于职业素养，直接在对应的分值上打"√"即可。

评价对象		评价人		
操作步骤	评 估 要 点	专 业 技 能		职 业 素 养
		应得分	实得分	
1. 工具准备	检查工具准备是否齐全，功能是否完好	2分		责任担当 5□4□3□2□1□ 安全规范 5□4□3□2□1□ 合作沟通 5□4□3□2□1□
2. 车辆信息收集	查找车型、VIN 码，并准确记录	2分		责任担当 5□4□3□2□1□ 安全规范 5□4□3□2□1□ 合作沟通 5□4□3□2□1□
3. 安装车身防护	正确使用车辆内外防护、车轮挡块、尾排	6分		责任担当 5□4□3□2□1□ 安全规范 5□4□3□2□1□ 合作沟通 5□4□3□2□1□
4. 车辆启动	（1）规范完成车辆启动前检查。 （2）启动前确认车前无人、挡块安装、空挡、手刹处于制动位置。 （3）正确启动车辆	5分		责任担当 5□4□3□2□1□ 安全规范 5□4□3□2□1□ 合作沟通 5□4□3□2□1□
5. 车轮检查	（1）正确检查车轮外观。 （2）正确检查车轮花纹。 （3）正确检查胎压	15分		责任担当 5□4□3□2□1□ 安全规范 5□4□3□2□1□ 合作沟通 5□4□3□2□1□
6. 发动机舱内检查	（1）正确检查发动机冷却液液位。 （2）正确检查制动液液位。 （3）正确检查转向传动液液位。 （4）正确检查刮水器喷洗液液位。 （5）正确检查发动机油液位。 （6）正确检查油、液、气路管线。 （7）正确检查蓄电池电压	15分		责任担当 5□4□3□2□1□ 安全规范 5□4□3□2□1□ 合作沟通 5□4□3□2□1□
7. 车辆灯光检查	（1）正确检查示宽灯。 （2）正确检查近光灯。 （3）正确检查远光灯。 （4）正确检查雾灯。 （5）正确检查转向灯。 （6）正确检查危险警告灯。 （7）正确检查制动灯。 （8）正确检查倒车灯。 （9）正确检查车内灯光	15分		责任担当 5□4□3□2□1□ 安全规范 5□4□3□2□1□ 合作沟通 5□4□3□2□1□
8. 仪表灯光检查	（1）正确检查充电指示灯。 （2）正确检查燃油表。 （3）正确检查机油压力警告灯。 （4）正确检查仪表照明灯。 （5）正确检查 ABS 指示灯。 （6）正确检查安全气囊指示灯	10分		责任担当 5□4□3□2□1□ 安全规范 5□4□3□2□1□ 合作沟通 5□4□3□2□1□

续表

操作步骤	评估要点	专业技能 应得分	专业技能 实得分	职业素养
9. 功能操作检查	（1）正确检查刮水器。 （2）正确检查空调系统。 （3）正确检查诊断仪诊断	10分		责任担当 5□4□3□2□1□ 安全规范 5□4□3□2□1□ 合作沟通 5□4□3□2□1□
10. 机械部件检查	（1）正确检查部件连接处。 （2）正确检查转向机座。 （3）正确检查转向连接机构。 （4）正确检查制动软管。 （5）正确检查传动万向节。 （6）正确检查发动机支架螺栓。 （7）正确检查车轮传动情况。 （8）正确检查制动片厚度。 （9）正确检查减振器	15分		责任担当 5□4□3□2□1□ 安全规范 5□4□3□2□1□ 合作沟通 5□4□3□2□1□
10. 记录并提出维修建议	（1）按要求进行检测过程和检测结果的记录，字迹清楚，数据准确，结果正确。 （2）维修建议合理、科学，有可靠依据	5分		责任担当 5□4□3□2□1□ 安全规范 5□4□3□2□1□ 合作沟通 5□4□3□2□1□
11. 清理现场，工具复位	清理现场，工具复位	5分		责任担当 5□4□3□2□1□ 安全规范 5□4□3□2□1□ 合作沟通 5□4□3□2□1□
总计		100分		责任担当： 安全规范： 合作沟通：

3.6 任务评估

3.6.1 任务完成质量检查

请进行最终任务检查，进行标记，并说明检查结果。

任务实施操作过程检查结果如下。

存在的问题：

处理意见：

改进措施：

任务实施检测结果如下。

存在的问题：

处理意见：

改进措施：

3.6.2　工位 5S 检查

请在实操结束后对工位进行 5S 检查，进行标记，并说明检查结果。

车辆□　　　　工位□　　　　　场地□

存在的问题：

处理意见：

改进措施：

3.6.3　任务完成安全隐患排查

请对操作过程和操作结束后车辆存在的安全隐患进行排查，进行标记，并说明排查结果。

操作过程□　　　　车辆□

存在的问题：

处理意见：

改进措施：

3.6.4　完善改进工作计划

请根据实际的车辆车灯检查工作，完善改进工作计划（以其他颜色的笔在工作计划上标注和补充即可）。

汽车维护保养

3.7　任务反思

3.7.1　撰写对车辆进行长途行驶前的检查报告

请按照下表要求撰写对车辆进行长途行驶前的检查报告。

对车辆进行长途行驶前的检查报告

一、车辆基本信息
二、检查项目
三、检查过程分析
四、维修建议
五、检查心得

3.7.2　任务总结与思考

1. 请回顾"3.3.3 对车辆进行长途行驶前的检查"的学习和工作全过程，想想你有哪些收获和需要改进的地方。

序　号	项　目	收　获	需要改进的地方
1	素质		
2	知识		

续表

序 号	项 目	收 获	需要改进的地方
3	技能		
4	其他		

2．请写出在本次学习过程中你最值得别人学习和最需要向别人学习的方面。

3．针对上表中还需要改进的地方，你有哪些针对性措施？

3.8 单元测试

一、单选题

1．（　　）作为火花点火式发动机的燃料，其使用性能的好坏对发动机工作的可靠性、经济性及使用寿命都有很大的影响。

　　A．汽油　　　　B．柴油　　　　C．机油　　　　D．制动液

2．冰点检测仪在使用前，一定要（　　）。

　　A．用自来水校零　　　　　　　B．用蒸馏水校零

　　C．用冷却液校零　　　　　　　D．用电解液校零

3．能防止发动机过热和产生冰冻损坏，用于驾驶室和货舱冷却的液体是（　　）。

　　A．润滑油　　　B．润滑剂　　　C．防冻液　　　D．制动液

4．在发动机中燃烧产生热能，再转换为动能的是（　　）。

　　A．润滑油和润滑剂　　　　　　B．液态和气态的燃料

　　C．冷却剂和防冻剂　　　　　　D．制动液

5．能减小滑动部件的摩擦和磨损的是（　　　）。

A．润滑油和润滑剂　　　　　　　B．液态和气态的燃料

C．冷却剂和防冻剂　　　　　　　D．制动液

6．寒冷季节到来以前，为了防止水箱结冰，必须按规定量加入（　　　）。

A．冷却液　　　　B．玻璃液　　　　C．电解液　　　　D．制动液

7．汽车空调系统中使用的是（　　　）。

A．冷却液　　　　B．玻璃液　　　　C．电解液　　　　D．制冷剂

8．长途行驶前检查范围包括（　　　）。

A．汽车外部检查、轮胎检查、汽车下部检查、发动机舱检查等

B．电气设备检查、汽车外部检查、轮胎检查、发动机舱检查等

C．电气设备检查、汽车外部检查、轮胎检查、汽车下部检查等

D．电气设备检查、汽车外部检查、轮胎检查、汽车下部检查、发动机舱检查等

二、判断题

1．胎侧切口不影响正常使用。（　　　）

2．前后轮胎的气压必须保持一致。（　　　）

3．使用旧轮胎，会存在因不了解轮胎以前的使用状况而发生意外的风险。（　　　）

4．柴油与汽油相比，其具有高级别的避免爆震燃烧的特性。（　　　）

5．轮胎规格中给出的数值和真实的轮胎大小是一致的。（　　　）

6．汽车改装可以混合安装斜交线轮胎和子午线轮胎。（　　　）

7．液体、润滑油不是汽车运行时必需的物质。（　　　）

8．轮胎和轮辋可以根据客户的需求进行任意组合。（　　　）

9．制动液必须保持液态，不允许在高温下使其蒸发。（　　　）

三、简答题

1．防冻液的作用是什么？

2．机油的作用是什么？

3．冰点检测仪的使用方法是什么？

3.9　知识拓展

请严格按照规范对家中的汽车进行长途行驶前的检查，并撰写检查报告。

学习单元 4

对车辆进行维护保养

4.1 学习目标

素 质 目 标	知 识 目 标	技 能 目 标
1. 建立安全规范意识，严格遵守操作规范。 2. 能够专注学习、独立思考、完成学习任务。 3. 能够主动与他人协作，高效完成工作任务。 4. 能够在 5min 内阅读 200 字文字材料，并正确标记处理文本。 5. 能够回答关键问题，并且可以用简单的思维导图进行总结	1. 了解维护的标准及要求。 2. 掌握滤清器分类原理。 3. 掌握更换机油机滤、空气滤清器、空调滤清器、刮水器、火花塞，检查制动片的操作流程	1. 能够熟练更换机油机滤。 2. 能够熟练更换空气滤清器。 3. 能够熟练更换空调滤清器。 4. 能够熟练更换刮水器。 5. 能够熟练更换火花塞。 6. 能够熟练检查制动片。 7. 能够熟练更换轮胎。 8. 能够熟练检测车轮动平衡

4.2 情境引入

4.2.1 情境描述

王女士开车到 4S 店进行常规保养，希望技师对车辆保养周期显示器进行复位，检查保养并记录车辆的技术状态。

1. 作为一名客户接待人员，当遇到王女士到 4S 店咨询时，你应该如何进行接待呢？请根据情境描述，编写客户接待话术，做好接待客户的准备工作。

客户维修接待	客 户

续表

客户维修接待	客　户

2. 请按照上面编好的话术进行角色演练，并从着装规范、举止得体等 8 个方面分别给予评价，5 分为完美，1 分为差得很远。

评 价 要 素	评 价 等 级	记录能体现优点和不足的具体行为
着装规范	5 分□4 分□3 分□2 分□1 分□	做得好： 需改进：
举止得体	5 分□4 分□3 分□2 分□1 分□	做得好： 需改进：
表情诚恳	5 分□4 分□3 分□2 分□1 分□	做得好： 需改进：
使用礼貌用语	5 分□4 分□3 分□2 分□1 分□	做得好： 需改进：
表述清晰	5 分□4 分□3 分□2 分□1 分□	做得好： 需改进：
语言简练	5 分□4 分□3 分□2 分□1 分□	做得好： 需改进：
专业性强	5 分□4 分□3 分□2 分□1 分□	做得好： 需改进：
体现出为客户利益考虑	5 分□4 分□3 分□2 分□1 分□	做得好： 需改进：

附：客户任务工单

车主姓名		日期	
车型		车牌号	
发动机号		底盘号	
车架号（VIN 码）			
联系电话			

任务描述：
王女士开车到 4S 店进行常规保养，希望技师对车辆保养周期显示器进行复位，检查保养并记录车辆的技术状态

检查记录：（记录车辆信息和技术状态）

续表

检查维修记录及建议：（记录车辆评估结果）		
取车付款：		维修人：
现金　　　　　　银行卡		收款人：

4.2.2　任务分析

进行置换车辆需要具备以下条件。

□进行车辆分类　　□环车检查　　□车辆防护　　□检查车身状态　　□检查发动机状态

□检查底盘状态　　□检查电气设备　　□检查新能源汽车状态

请结合实际情况进行分析，在自己已经具备的能力或条件前的方框内打"√"。

4.3　知识与技能

4.3.1　认识汽车维护

汽车维护（Motor Vehicle Maintenance）指定期对汽车相关部分进行检查、清洁、补给、润滑、调整或更换某些零件的预防性工作。其目的是保持车容整洁，技术状况正常，消除隐患，预防故障发生，减缓劣化过程，延长使用周期。

4.3.1.1　保养周期显示器

在车辆达到一定的里程后，为了提醒车主进厂保养，在仪表板上显示特定"符号"的指示灯（一般为黄色指示灯），称为保养周期显示器，也称为保养指示灯或保养灯。当车辆完成保养后，保养灯不会自己熄灭，要用特定的方法才会熄灭，此方法被称为保养灯归零。

常见的保养周期显示器符号（如扳手符号）或字母标识，如图 4-1 所示。

在仪表板上看到图 4-1 所示的符号或字母标识时，说明车辆需要进行保养了。

图 4-1　保养周期显示器符号或字母标识

4.3.1.2　维护保养

为了保证汽车的运行安全，同时为了维护厂商授权的有效性，必须根据生产厂商的规定进行专业性的维护保养工作。

为了指导并支持汽车的维护保养工作，生产厂商会提供维护保养计划书及备件图册，并编写维护保养指南。这些资料将以多种形式提供给汽车维修企业，包括维修手册、视频短片或专为个人计算机（PC）设计的菜单式计算机程序。

1．维护保养工作

（1）检测，如测试。

（2）一般维护，包括换油、润滑、清洁。

（3）矫正措施，如维修、更换零件。

2．维护保养计划

车辆生产厂商及汽车维修企业会提供专业的维护保养计划。例如，新车交付客户之前进行的指定检查。其他经营企业无法解决的维护保养工作，可通过其专业的技术人员来进行。为了确保车辆的功能性及价值，生产厂商在维修和维护方针中进行了一系列的规定。在特定汽车的维护保养计划中按维修计划可划分为以下几类。

（1）定期维护保养计划。

（2）可变的维护保养计划。

（3）需求导向型维护保养策略。

维护、保养和检测必须根据预定的计划来进行。实施情况需要记入维修记录并得到维修技术负责人的签名确认。

维护保养计划提供指定维修及检修信息。例如，在行驶 20000km 或 12 个月后，应该对汽车进行一次大修检查。

4.3.1.3　维护保养计划

1．定期维护保养计划

定期维护保养计划包括检测的内容和检修的过程列表（见表 4-1）。

表 4-1　维修计划表

客户姓名		车型		VIN 码：			
联系人		联系电话		发动机号：			
车牌号		排量		故障现象：			
维修核查项目							
正在进行的维修工作	合格	不合格	需要矫正	正在进行的维修工作	合格	不合格	需要矫正
前部照明灯-检查功能：驻车灯、近光灯、远光灯、前雾灯、转向灯和危险警告灯				发动机舱内的发动机和组件（从上面看）：对泄漏和损坏进行目测检查			
尾部照明灯-检查功能：制动灯、示廓灯、倒车灯、后雾灯、牌照灯、后备箱照明灯、驻车灯、转向灯和危险警告灯				冷却系统：检查冷却液液面和防冻剂，设定温度为-25℃			
车内照明和仪表灯、喇叭和指示灯：检查功能				实际温度（测量温度）：____℃			

正在进行的维修工作	合格	不合格	需要矫正	正在进行的维修工作	合格	不合格	需要矫正
自诊断：检查所有系统的故障存储器（打印件粘贴在随车说明书袋的后面）				灰尘和花粉滤清器：更换滤芯（行驶 12 个月或 15000km 后）			
门限位器和紧固螺栓：润滑				传动带：检查状态和拉紧度			
刮水器-清洗设备和前灯清洗设备：检查功能和喷嘴调整				空气滤清器：清洗外壳并更换滤芯			
刮水器雨刷：检查是否损坏，检查静止位置。橡胶刮水器雨刷：检查接触角度				燃油滤清器：更换			
轮胎：检查状态、胎面花纹和充气压力、胎面花纹深度				动力转向器：检查油位			
FL____mm FR____mm				制动液位（取决于摩擦片的磨损情况）：检查			
RL____mm RR____mm				蓄电池：测试			
发动机油：排放或抽吸，更换机油滤清器				怠速：检查			
制动装置：对泄漏和损坏情况进行目测检查				汽车前照灯调节装置：检查			
前后制动摩擦片：厚度检查				维修标签：标签上标明下一次维修（及制动液更换）的时间和行驶里程，贴在车门立柱（B 柱）上			
制动盘：对损坏情况进行目测检查				进行行驶试验			
排气装置：对泄漏和损坏情况进行目测检查				数据/署名（装配工）			
转向横拉杆球头：检查间隙、固定装置和防尘罩；对泄漏和损坏情况进行目测检查				数据/署名（终检）			
将左侧排满发动机油：检查油位（在更换滤清器及换油时进行检查）							

2. 可变的维护保养计划

现代化的发动机管理系统产生了全新的维修策略，即自适应调度维修。其能够通过每辆车的实际操作情况来了解车辆的需求。除了行驶里程，这个系统还要记录及评估其他各种不同的因素（影响的参数），并将其计算在内。临近检测日期时，驾驶员在显示屏上将得到通知（见图 4-2）。根据维护保养计划，在维修工厂完成指定操作后，这个过程将停止。

（1）换油间隔。

可以通过以下两种方式来计算换油间隔。

① 通过虚拟的数据如行驶里程、整体油耗、油温曲线来表明一段时间的油耗情况。

② 通过油位感应器、行驶里程和发动机负载情况得出实际的油况，即燃油质量和油位。

行驶20000km或
12个月后进行维修

图 4-2　磨损指示器

（2）制动摩擦片的磨损。

制动摩擦片的磨损是通过电子驻车制动系统监控的。倘若制动摩擦片达到了磨损极限，则摩擦片中的接触导线会被击穿。系统将先通过制动频率、制动作用时间及所行驶的里程来计算出理论上剩余的行驶里程，然后通过仪表板上的数值显示器显示给驾驶员。

（3）空调滤清器的状况。

通过用外部空气温度传感器收集到的数据、暖气装置使用情况、再循环空气模式的使用、行驶速度、通风装置转速、行驶里程和其他资料来计算出空调滤清器的更换时间。

（4）火花塞的更换间隔。

火花塞的更换间隔是根据行驶里程来决定的，如在行驶 100000km 之后。

（5）液体和润滑油。

液体和润滑油（如冷却液和制动液）需要在车辆行驶一段时间后（如两年或四年）进行更换。

3. **需求导向型维护保养策略**

何时进行维护保养由磨损件、液体和润滑油，以及车辆操作情况来决定。这种需求导向型的维护保养策略是指仅仅在需要时才进行维护保养，如当部件达到磨损极限、液体或润滑油的使用期结束时，才进行维护保养。这种策略为维修人员提供了订购任何需要的配件（如制动摩擦片）的时间，也可提前和客户商议出合适的维护保养时间。

需求导向型维护保养策略的优点是较早发现潜在问题，能够避免车辆故障而造成的维修困难。其优点还有精确的日期、减少等候时间、没有信息丢失、提供随时的　　服务。

请认真阅读"4.3.1 认识汽车维护"部分的内容，并完成下列各题。

一、填空题

（1）保养周期显示器在仪表板上显示特定"符号"的指示灯，也称为＿＿＿＿＿＿＿。

（2）为了保证汽车的运行安全，必须根据生产厂商的规定进行专业性的＿＿＿＿＿＿
工作。

（3）维护保养计划提供指定维修及检修信息，如在行驶 **20000km** 或 **12** 个月后，应该对汽车进行一次_____。

（4）可变的维护保养计划采用_____维修策略，通过实际操作情况了解车辆的需求。

（5）换油间隔可以通过两种方式计算：一是通过虚拟的数据如行驶里程、整体油耗、油温曲线来表明一段时间的油耗情况；二是通过油位感应器、行驶里程和发动机负载情况得出实际的油况，即_____。

二、简答题

（1）解释一下维护保养工作中的三个主要方面：检测、一般维护和矫正措施。

（2）什么是可变的维护保养计划？它采用了什么样的维修策略？

（3）请简要说明需求导向型维护保养策略的优点，并提供至少两个例子。

（4）图 4-2 中的磨损指示器有何作用？可以通过哪些方式判断不同部件的磨损情况？

（5）对于火花塞的更换间隔，是基于什么因素来决定的？请提供一个具体的例子。

4.3.2　认识汽车滤清器

汽车滤清器可以保护发动机、其他汽车组件和驾驶员不受污染物及杂质的危害。

4.3.2.1　汽车滤清器分类

汽车滤清器可以按照过滤方法和需要过滤的介质两种标准进行分类。

按照过滤方法分类：流动的介质，如空气、燃油和水中的固体污染物通过以下方法过滤。

（1）滤网过滤，如网式滤清器和纤维质滤清器。

滤网过滤通过滤网孔径小于污染物来实现过滤。

（2）附着过滤，如湿式空气滤清器。

附着滤清器在多数情况下是湿式空气滤清器。污染物如灰尘在接触滤清器时吸附在其表面。

（3）磁性过滤，如磁性滤清器。

磁性滤清器，如在放油口的滤清器吸引磁性污染物并防止其悬浮在流动的介质中。

（4）离心式过滤，如离心式滤清器等。

离心式滤清器，将要过滤的介质如空气置于旋转的状态。污染物因离心力压在滤清器壁上，并沉淀在滤清器壁上。

按照需要过滤的介质，滤清器的分类如下。

（1）空气滤清器。

空气滤清器能够清洁吸入的空气，并减小发动机的吸入噪声。

空气中的灰尘以微小颗粒（0.005～0.05mm）的状态存在，如石英。由于汽车的行驶条件不同（高速公路和建筑工地），灰尘的含量也不尽相同。这些灰尘进入燃油后，将会形成一层砂膜，会导致组件的严重磨损，特别是气缸壁、活塞和气门导管。

以下是各种现今使用的空气滤清器。

① 干式空气滤清器。

干式空气滤清器通常利用多层滤纸构成的、可替换的滤芯吸收灰尘。现在，干式空气滤清器是轿车和商用车的标准装备。滤芯的使用寿命取决于滤纸的面积及吸入空气的含尘量。为了减小流体阻力，需要增加表面面积。同时，干式空气滤清器也能减小吸入噪声。

未及时更新或清洁干式空气滤清器会增加流体阻力，最终导致气缸的有效空气量减小及发动机的性能降低。通过干式空气滤清器的微粒物质最终会在发动机油中堆积，应该定期更换脏的干式空气滤清器。

② 湿式空气滤清器。

湿式空气滤清器可用于部分摩托车。滤芯是由金属或塑料制造的网格，并浸满油。当空气流经时，空气和加大的浸油表面不断接触。湿式空气滤清器会吸附流经空气中悬浮的灰尘，使用寿命至少为行驶2500km，超过行驶里程后必须清洁滤芯并重新浸油。

③ 油浴式空气滤清器。

在油浴式空气滤清器滤芯下面有一个金属油浴网格（见图4-3）。流入的空气先遇到油膜并吸住油浴中的油液，然后这些油液沉淀

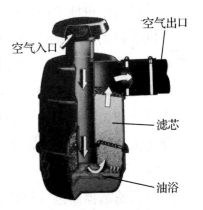

图4-3 油浴式空气滤清器

在滤芯中，最后这些油滴带着吸附的灰尘滴入油浴。基于这样的自动清洗效果，油浴式空气滤清器比湿式空气滤清器的使用寿命要长。

④ 旋流式滤清器。

旋流式滤清器是在含灰尘多的空气中长期工作的发动机中的基本组件。吸入的空气需要经过快速旋转，粗糙的灰尘颗粒由于离心力的作用而分离（粗滤清器）。细微灰尘颗粒还要通过干式空气滤清器或其他滤清器进行过滤。这种组合式的过滤方法提高了其使用寿命。

（2）燃油滤清器。

燃油滤清器能够保护燃油系统不受污染物及杂质的影响，在一些情况下能够除湿，包括粗筛孔燃油滤清器、内嵌燃油滤清器、可换式燃油滤清器。

① 粗筛孔燃油滤清器。这种燃油滤清器作为燃油预滤器安装在油箱中。它通常装有筛孔大小约为 0.06mm 的密网型金属或尼龙滤网。

② 内嵌燃油滤清器。这种滤清器可以用于更小颗粒的过滤。它利用孔径在 0.001～0.002mm 的纸质滤清器，通常安装在管道中，在维护时需要进行整体更换。

③ 可换式燃油滤清器（盒式燃油滤清器）。它由外壳和滤芯组成，在维护时进行整体更换即可。

毛毡和纸质滤芯用于微小颗粒的过滤。燃油经过填充在中心渗管的外围呈放射状的折叠纸滤芯进行过滤。折叠纸滤芯的上下端都有盖板。燃油由外向内流过滤清器（放射状流动）。污染物颗粒吸附在滤清器的表面，并沉淀到底部。水不可能渗入精细的滤清器毛孔。由于其密度高于燃油，因此会在折叠纸滤芯之外落下，然后聚集在滤清器外壳的积水槽中。同时，填充的燃油流向中心渗管再向上流动。

油水分离器装置安装在使用柴油机的军用汽车、建筑工地用汽车和越野车上，用于过滤燃油中大量的水分。可换式燃油滤清器中的油水分离器分离出的积水水量可以通过透明的滤清器盖或集成的水位传感器仪表板上的报警灯来监控。积水能通过滤清器外壳上的排泄口排出。

（3）机油滤清器。

通过滤出机油中的污染物来防止机油的过早衰变。

机油滤清器的结构和功能与可换式燃油滤清器的结构和功能相同。滤芯可除掉约 10μm 的颗粒。悬浮在机油中的污染物，如金属颗粒、炭黑和灰尘粒子会降低机油的质量，并导致磨损的增加。使用机油滤清器能延长换油的时间间隔，并改善燃油的冷却效果。然而，机油滤清器无法去除液体状和/或溶解在燃油中的污染物，对在发动机运转过程中油的化学变化或物理变化（如老化）也没有效果。

（4）液压滤清器。

液压滤清器是网式滤清器，用于去除液压用油中的污染物，包括制动液、转向助力器和自动变速器使用的自动变速器油。合成材料滤网用于制动液的主缸，可换式纸型滤清器用于自动变速器。

（5）内部滤清器。

内部滤清器用于过滤提供给驾乘人员的空气，不让灰尘、花粉和有害气体（如烟雾或臭气）进入。

内部滤清器由三层或多层组成。第一层粗滤器粗略地去除污泥；第二层的微纤维帘利用静电除去悬浮在空气中的最小颗粒；第三层为承重层；若有可能，第四层使用活性炭接收渗入的气态污染物（如臭气和废气），也可以去除强烈的气味。

4.3.2.2 滤清器的维护

维护提示如下。

（1）滤清器的更换按照厂家说明进行（通过已过时间或行驶里程来确定更换间隔）。

（2）特定的时间间隔/行驶里程包含在维修和维护计划表中，而滤清器的更换间隔包含在检修计划表中。

（3）纸质燃油滤清器必须及时更换。

（4）毛毡滤清器可清洗干净，在利用压缩空气清洗时，压缩空气的方向必须与原介质流动方向相反（也就是说空气应该反向排出）。

（5）从滤清器流出的燃油和空气的混合物必须按照环保要求来处理。

请认真阅读"4.3.2 认识汽车滤清器"部分的内容，并完成下列各题。

一、填空题

（1）汽车滤清器可以按照过滤方法和_____两种标准进行分类。

（2）干式空气滤清器通常利用多层滤纸构成的、可替换的滤芯吸收灰尘，其中滤芯的使用寿命取决于滤纸的_____及吸入空气的含尘量。

（3）湿式空气滤清器的滤芯通常使用金属或塑料制造的网格，并浸满_____。

（4）油浴式空气滤清器比湿式空气滤清器的使用寿命要_____。

（5）机油滤清器的滤芯可以除掉约_____的颗粒，延长换油的时间间隔，并改善燃油的冷却效果。

二、简答题

（1）请解释一下汽车滤清器的分类标准，包括按照过滤方法和需要过滤的介质的分类。

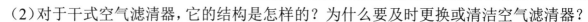

汽车维护保养

（2）对于干式空气滤清器，它的结构是怎样的？为什么要及时更换或清洁空气滤清器？

（3）湿式空气滤清器是如何工作的？

（4）请简要说明油浴式空气滤清器的工作原理，以及它相比湿式空气滤清器的优势。

（5）机油滤清器的作用是什么？

4.3.3　维护保养

4.3.3.1　更换机油和机油滤清器

更换机油和
机油滤清器

1. 预检工作

（1）车辆进入工位前，先清理好工位的卫生，清除障碍物，准备干净的棉纱、手套、扭矩扳手、机油收集器、新的放油螺栓、垫片、机油及机油滤清器。

（2）放置好座椅罩、转向盘罩、地板垫后，将车辆驶入工位，拉紧驻车制动器或将变速器置于空挡或P挡，并放好车轮挡块。

（3）打开发动机舱盖并支撑好，放置好前罩、翼子板布。

148

2．预热发动机

（1）进入驾驶室，若为手动变速器，则横向摆动变速器挡位控制手柄，确认其处于空挡位置；若为自动变速器，则将控制手柄置于P挡位置。

（2）打开点火开关（见图4-4），启动发动机并保持3～5min，其间观察水温表指示数值的变化，当水温达到60～90℃时（见图4-5），关闭点火开关，停止发动机运转。将发动机预热，提高发动机温度，使机油黏度变小，有利于发动机内机油排放彻底。

图4-4　打开点火开关　　　　　　　图4-5　水温表温度为60～90℃

3．检查泄漏

（1）查看气门室罩垫、加机油口、曲轴前油封等处是否存在漏油现象。

（2）分别调整举升机提升臂的角度和抽拉臂的长度，使托垫正对车辆底板上的支撑点。

（3）将车辆举升到目标高度，并可靠停驻。确认车辆可靠停驻后，方可进行车下作业（见图4-6）。

图4-6　举升车辆至目标高度

4. 排放机油

（1）将机油加注盖拧下并做好防护（见图4-7和图4-8）。

图4-7　拧下机油加注盖　　　　图4-8　用无纺布做好防护

（2）将机油收集器置于发动机油底壳放油螺栓的正下方。

（3）用扭矩扳手拧松放油螺栓（见图4-9）。

（4）用手缓缓旋出放油螺栓，当感觉仅剩1～2螺纹，继续旋出时，要用力向内推放油螺栓，确定螺纹已全部旋出后，急速移开油塞，让机油流入机油收集器内（见图4-10）。

图4-9　拧松放油螺栓　　　　　图4-10　排放机油

（5）检查放油螺栓垫片是否损坏，如果有断裂则要更换新垫片。使用棉纱擦净放油螺栓上吸附的金属屑。

（6）当油底壳的排油孔不再滴油时（见图4-11），用手旋入放油螺栓。用手旋入放油螺栓可以保证对正螺纹。严禁使用工具旋入，因为螺纹一旦歪斜，便会造成损坏，最终导致油底壳的损坏。

（7）用扭矩扳手将放油螺栓拧紧至规定扭矩值。

（8）最后，用棉纱擦净放油螺栓和油底壳上的油迹。

图 4-11　油底壳的排油孔不再滴油

5. 更换机油滤清器

（1）使用机油滤清器专用拆装工具旋松机油滤清器（见图 4-12），使机油缓慢流出（见图 4-13）。

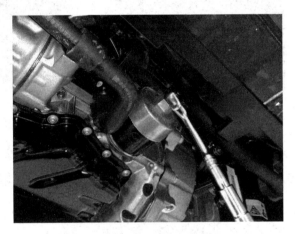

图 4-12　旋松机油滤清器

图 4-13　机油缓慢流出

（2）用手旋下机油滤清器（见图 4-14）并放入废件回收桶中，等待机油完全排出。用手旋下机油滤清器后，要垂直下落，不要歪斜，因为机油滤清器内充满机油，所以防止机油滤清器内的机油洒在身上或地面上，拆卸完毕如图 4-15 所示。

图 4-14　旋下机油滤清器

图 4-15　拆卸完毕

（3）在新的机油滤清器内加注新鲜机油约为其容量的 3/4 后，在密封圈上均匀涂抹一薄层干净机油。

① 加注一定量的机油，目的是缩短发动机启动期间建立润滑系统正常油压的时间，防止出现机件干摩擦。

② 在密封圈上均匀涂抹一薄层干净机油，可以起到辅助密封的作用（见图 4-16）。

（4）用手竖直举起机油滤清器，将机油滤清器旋入其座上并用力拧紧（见图 4-17）。

图 4-16　在机油滤清器密封圈上均匀涂抹干净机油

图 4-17　用手旋入机油滤清器

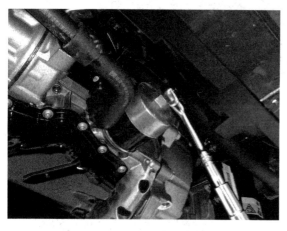

图 4-18　拧紧机油滤清器

（5）使用机油滤清器专用套筒、接杆、扭矩扳手转动机油滤清器 3/4 圈将其紧固。机油滤清器的拧紧扭矩不要过大，以免损坏密封圈，按其规定要求拧紧（见图 4-18）。

（6）最后，使用棉纱擦净机油滤清器及其座上的机油。

6．加注机油

（1）将车辆平稳降落到地面上，举升机的托垫和车辆的支撑点不要接触，车辆靠自重停驻在地面上。

（2）观察车辆是否存在歪斜和严重变形等现象。若有，则应修复后再加注机油。重点检查轮胎胎压和减振器总成。当车辆严重变形后，发动机在车上的位置将发生偏移，加注机油标尺显示的数值便会出现或大或小的偏差，给发动机的正常工作带来隐患。

（3）用棉纱擦净加油塞周围的油渍、尘土等，并旋下加油塞。

（4）旋下机油桶盖，然后一手握住桶上的手柄，一手托住桶底，对正发动机的加油口，稍稍倾斜机油桶，缓缓将机油倒入发动机内（见图 4-19）。

（5）当加注量接近 4L 油桶容量的 3/4 时，停止加注。过 2～3min 后，拔出机油尺，擦净刻度尺处的机油，将其插入机油尺套管内，正常机油尺油面的高度应位于上下极限刻度线中间偏上的位置。若油量不足，则进行添加，不允许油面高于上刻度线（见图4-20）。

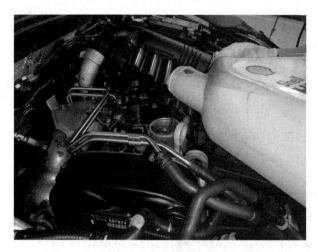

图 4-19　加注机油

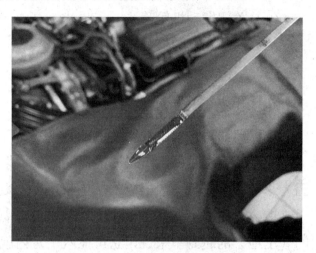

图 4-20　检查机油油面至高位

7. 添加和检漏

（1）机油加注完毕，旋紧加油塞。

（2）进入驾驶室，打开点火开关，启动发动机并保持运转 3～5min 之后，关闭点火开关。其主要目的是填充润滑系统中的储油空间，便于确定油底壳中的实际存油量。

（3）待发动机停止运转 3～5min 之后，拔出机油尺，擦净机油尺的机油，然后将其插回机油尺套管内，确定插到位后，再次拔出机油尺，观察油底壳中的油面在机油尺上的显示位置。如果油面显示于机油尺的上下极限刻度线的中间偏上位置，则为正常；若偏下，则需要添加适量机油；若油面高于上刻度线，则应放出适量机油。

（4）将车辆举升到适当高度，检查放油螺栓及机油滤清器等处是否漏油（见图4-21）。如果有泄漏，则修复后车辆才可以投入使用。

图 4-21　检查放油螺栓及机油滤清器等处是否漏油

（5）将车辆平稳下降到地面上。

8. 整理工位

（1）关闭发动机舱盖。

（2）清洁工具和仪器。

（3）清洁地面卫生。

更换空气滤清器

4.3.3.2 空气滤清器更换

空气滤清器也就是我们经常说的“空滤”，换空气滤清器是保养中基本的项目。

对于不同的车辆，空气滤清器的更换周期自然是不相同的，所以没有一个绝对的标准，因为这取决于空气滤清器吸入灰尘和杂质的数量。同样是一个空气滤清器，在一辆长期行驶于高速公路的车辆上，它可以使用 30000km 甚至更长才更换一次；而对于一辆总穿梭于乡村间（工地）的越野车来说，它可能两个月内就要更换了。当然这两种情况都是比较极端的，对普通的城市车辆来说，每年或每 20000km 更换一次空气滤清器是比较合适的。

车辆行驶的时间或里程只是参考值，最终决定空气滤清器是否需要更换的因素是它是否已经无法让足够的空气通过了。空气滤清器要保证过滤掉空气中的杂质，同时让足够的空气进入发动机。

这里需要说明的是，实际上工作了一段时间后的空气滤清器要比新的空气滤清器效率更高。这是因为空气滤清器已经吸附的那些杂质可以帮助它去捕获更多的微小灰尘。但最终空气滤清器还是会因为积聚了太多的灰尘而影响到发动机的运转。这时，车辆会出现燃油经济性、动力性和排放逐渐恶化的趋势，直到换个新的空气滤清器。

空气滤清器一般每行驶 5000km 清洁一次。清洁时，应取出滤芯轻轻拍打端面，用压缩空气由里向外吹，以清除滤芯上的尘土，切勿用汽油或水洗刷。纸质滤芯每行驶 25000km 必须更换。

拆装空气滤清器滤芯的方法如下。

（1）利用水管钳将卡箍与进气通道分离，并取下空气滤清器总成（见图 4-22、图 4-23 和图 4-24）。

图 4-22　进气通道卡箍

图 4-23　拆卸卡箍

图 4-24　取下空气滤清器

（2）利用螺丝刀将空气滤清器外罩上的螺钉取下来，同时拆卸卡扣（见图 4-25 和图 4-26）。

图 4-25　拆卸空气滤清器螺钉　　　图 4-26　拆卸空气滤清器卡扣

（3）取出旧的空气滤清器滤芯，将新的滤芯换上，注意滤芯的安装方向（见图 4-27）。

图 4-27　取出旧空气滤清器滤芯

注意：取出旧的空气滤清器滤芯后，用毛巾将空气滤清器壳内的灰尘擦干净，避免有其他异物掉入进气管内。

（4）将空气滤清器上罩和底壳正确连接，此时注意固定卡扣应对位安装。注意曲轴箱通风管与空气滤清器总成的连接，避免漏气（见图 4-28 和图 4-29）。

图 4-28　空气滤清器上罩和底壳正确连接　　　图 4-29　曲轴箱通风管安装

4.3.3.3　空调滤芯的更换

更换空调滤清器

1. 概述

汽车在开着空调行驶时，要吸入外部空气进入车厢内，但空气中含有许多不同的颗粒，如灰尘、花粉、煤烟、研磨颗粒、臭氧、异味、氮氧化物、二氧化硫、二氧化碳、苯等，如果没有空调滤清器过滤，那么这些颗粒进入车厢内，不但使汽车空调受污染，冷却系统性能降低，而且人体吸入粉尘及有害气体后使人有过敏反应，肺部受损，受臭氧刺激而心情烦躁，还有异味的影响，都影响行车安全。而高质量的空气滤清器能吸收粉尘颗粒，减轻呼吸道疼痛，减少对过敏者的刺激，行车更加舒适，空调冷却系统也受到了保护。

2. 市场现状

市场上大部分的空调滤芯基本上是由无纺布或无纺布夹炭制成的，只能过滤大灰尘颗粒，过滤级别很低，且风阻大吸附效果差，价格高得更是离谱。现在有种复合高效汽车空调滤清器不同于其他任何一种，即采用 HEPA 滤网加蜂窝网内填充椰壳柱形活性炭制成，HEPA 滤网一般由聚丙烯或其他复合材料制成，表面积达 $0.5m^2$，容尘量大，能过滤大气中小于 $0.3\mu m$ 的颗粒物、烟雾、花粉、微生物、病菌等；活性炭采用柱形结构，能随风旋转，多角度、全方位地吸附车内异味，且活性炭中加入了甲醛、苯等有毒挥发物的催化剂，吸附有毒气体的能力更强。重要的一点是炭与 HEPA 滤网分离，通风更好，吸附更强，效果更出众！

3. 空调滤芯的要求

（1）能使空调滤芯贴紧壳体，保证未过滤空气不会进入车厢。

（2）能分隔空气中的灰尘、花粉、研磨颗粒等固体杂质。

（3）能吸附空气中的水分、煤烟、臭氧、异味、碳氧化物、SO_2、CO_2 等；能强力和持久地吸附水分。

（4）能使汽车玻璃不会蒙上水蒸气，使驾乘人员视线清晰，行车安全；能给驾乘室提供新鲜空气，避免驾乘人员吸入有害气体，保障驾驶安全；能强效杀菌除臭。

（5）能保证驾乘室空气清洁而不滋生细菌，创造健康环境；能有效分隔空气中的灰尘、芯粉、研磨颗粒等固体杂质；能有效拦截花粉，保证驾乘人员不会产生过敏反应而影响行车安全。

4. 检查目的

空气中灰尘等脏物会堵塞空调滤芯，直接影响空调出风流量和制冷效果，并造成车内异味等问题，因此，定期进行检查、清洁或更换空调滤芯非常重要。更换空调滤芯时，还应同时清洁滤清器的内表面。空气滤清器内表面也吸附有灰尘和污物，如果无视滤清器内表面灰尘，则在更换滤芯后就有可能因吸入这些灰尘而使滤芯过早饱和，甚至很快就失效。因此，必须对空气滤清器内表面进行清洁。清洁的频率根据城市的空气质量、空调出风量是否变小、车内是否有异味、油耗是否无缘无故增加等而定。空气质量差的城市建议一年更换两次空调滤芯，以确保驾乘人员的健康。

5. 更换步骤

（1）打开副驾驶车门，拆卸手套箱（见图4-30和图4-31）。

图4-30　打开副驾驶车门　　　　　图4-31　拆卸手套箱

（2）卸下空调滤清器盖板，取出空调滤芯（见图4-32和图4-33）。

图4-32　卸下空调滤清器盖板　　　　图4-33　取出空调滤芯

（3）检查旧空调滤芯与新滤芯型号是否相符（见图4-34）。

图4-34　检查滤芯型号

（4）安装空调滤芯，在安装过程中注意箭头方向，箭头方向为空气流动方向（见图4-35和图4-36）。

图 4-35 安装新空调滤芯

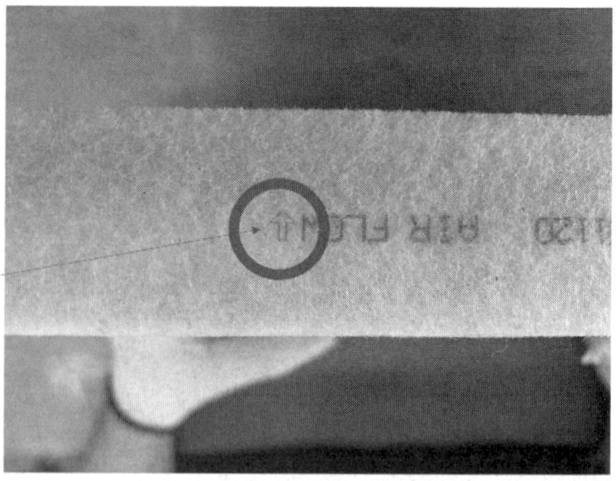

图 4-36 滤芯箭头方向

（5）安装手套箱。

维护保养刮水
器（雨刮器）

4.3.3.4 汽车刮水器的维护与保养

刮水器是汽车的重要安全附件，要随时确保工作状态正常。

1. 刮水器擦拭情况检查

（1）启动刮水器开关，检查各个挡位是否有效（见图 4-37）。

（2）检查刮水器喷水管路是否存在接头松动、脱落、胶皮老化等现象（见图 4-38）。

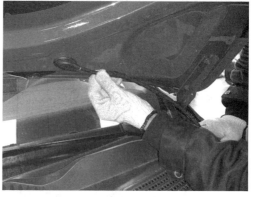

图 4-37 检查刮水器功能

图 4-38 检查刮水器喷水管路

2. 检查刮水器喷水位置

检查刮水器喷射角度和喷水位置（见图 4-39）。喷射位置大约在刮水器的中、上部，必要时可进行调整。在调整刮水器时，必须使用专用工具，方法如下。

用水溶性墨水在风窗玻璃上做出 4 个标记点。各尺寸如下：

$$a=(290\pm50)mm；\quad b=(470\pm50)mm；\quad c=(510\pm50)mm；\quad d=-(230\pm50)mm$$

以上尺寸以风窗玻璃外边缘为基准，用专用工具调整各喷嘴，分别指向各标记点。

注意：以上给出的尺寸对应于行驶中的车辆，若车辆处于停止状态，则这些尺寸略有偏差；如果喷出的清洗液不规则或无法调整到规定的位置，则需要更换喷嘴；不能用大头针或类似的工具去捅喷嘴孔，否则会损坏喷嘴。

图 4-39 检查刮水器喷射角度和喷水位置

3．检查刮水器的动作行程

刮水器动作行程就是启动时在风窗玻璃上划过的轨迹（见图 4-40）。刮水器应该刮过风窗玻璃的绝大部分面积，以确保良好的前方视野。若擦拭位置不够或偏移，则需要进行调整。

图 4-40 风窗玻璃刮水器的擦拭情况

拉出刮水器脚安装螺钉橡胶罩盖，用开口扳手松开螺钉，用手提起刮水器片，朝着需要增加行程的方向转动到合适位置锁紧刮水器脚安装螺钉。再次检查动作行程，在调整合适时，检查、锁紧该螺钉，盖上橡胶罩盖。

4．刮水器清洗液的检查

始终在清洗液罐中加满良好的清洗液并经常检查清洗液量（见图 4-41）。

（1）切勿在没有清洗液或清洗液不足的情况下操作喷水器装置，否则会损坏喷水电动机。

（2）冬季必须使用防冻的清洗液。

（3）切勿使用发动机冷却液，因为发动机冷却液喷到玻璃上会挡住视线，喷到车体上会破坏车体保护层。

图 4-41　检查刮水器清洗液

5. 刮水器片的检查与维护

（1）刮水器片的检查。经常检查刮水器片的工作情况及磨损状态，更换刮水器片时，压下并分离弹簧夹后拔出刮水器片即可。拆卸刮水器片时，将刮水器片向外翻后提起刮水器盖，拧下螺母，左右转动刮水器片，并从操纵臂上拆下，按照原来的角度安装新的刮水器片。

（2）刮水器片的拆卸。竖起刮水器片，为更换刮水器片做准备。一只手抓刮水器片，另一只手按住刮水器片固定杆，从刮水器片固定装置上分离刮水器片（见图 4-42）。放置抹布作为缓冲（见图 4-43），以避免放置刮水器片时损伤风窗玻璃。

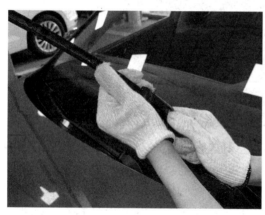

图 4-42　更换刮水器片

图 4-43　放置抹布

（3）刮水器片的安装。先把新的刮水器片水平放置后将固定杆朝下，然后将刮水器片孔对准固定杆并向下插入。刮水器片在分离状态时，注意避免刮水器片碰到风窗玻璃，以防玻璃破损。汽车型号不同，刮水器片的型号也不同，更换时请注意。

先把刮水器片朝上推到最高位置，然后把固定杆安装到刮水器片上，直至听到"咔嗒"声，这说明安装位置是正确的。为了防止损伤刮水器片，不要用汽油、燃油、氢氧化钠或其他清洗剂清洗风窗玻璃。

维护保养盘式制动器

4.3.3.5　制动器的保养

1. 工具的使用

（1）扭矩扳手：用于车轮螺栓的拆装，在调节扭矩大小时要注意单位及其换算。

（2）气动扳手：注意旋转方向。

2. 车轮拆装规则

（1）先用指针或十字扳手松动车轮螺栓，注意螺栓拆装顺序（见图 4-44 和图 4-45）。

图 4-44　拧松车轮螺栓　　　　　图 4-45　车轮螺栓拆装顺序

（2）举升汽车使轮胎离开地面即可。

（3）用气动扳手松开车轮螺栓，取下车轮螺栓的顺序一定要自下而上，避免车轮歪斜。

3. 作业前的准备工作

（1）汽车在进入工位前，首先将工位清理干净。

（2）将汽车停在举升机中央位置。

（3）安装防护五件套，即转向盘罩、座椅罩、地板垫（纸制）、变速杆套和驻车制动器操纵杆套。

（4）拉紧驻车制动器操纵杆，并将变速器杆置于空挡或驻车挡（P 挡）位置。

（5）从车内拉动发动机舱盖释放手柄，在车外打开发动机舱盖并支撑到位。

（6）安装翼子板布和前罩。

4. 正确拆装、检查前制动摩擦片

（1）在车辆举升前用 17mm 套筒和扭矩扳手或车轮螺栓专用套筒预松车轮螺栓。

（2）在确保车辆固定无误的条件下举升车辆，举升至合适高度停止，举升机保险落锁。

（3）拆卸车轮。

（4）拆卸制动卡钳滑销螺栓（见图 4-46）。

（5）用一字螺丝刀推开制动钳体壳。

（6）向上翻开制动卡钳（制动钳体需要用挂钩挂好），拆卸制动摩擦片（见图 4-47 和图 4-48）。

图 4-46 拆卸制动卡钳滑销螺栓

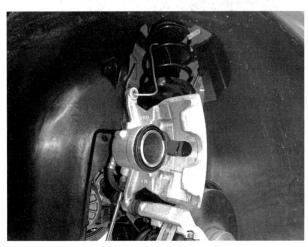

图 4-47 挂钩安装位置

图 4-48 拆卸制动摩擦片

（7）用干净的抹布清洁制动摩擦片表面。

（8）检查两片制动摩擦片有无异常磨损（见图 4-49）。

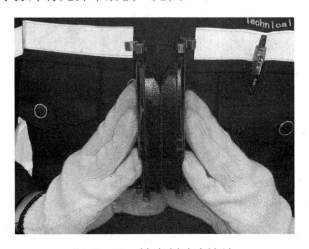

图 4-49 检查制动摩擦片

（9）用游标卡尺分别在两边和中间 3 个位置测量制动摩擦片的厚度，厚度不符合要求时需要更换（见图 4-50）。

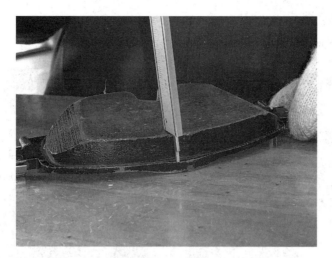

图 4-50　测量制动摩擦片的厚度

（10）检查制动轮缸活塞处（制动钳体需要用挂钩挂好）是否漏油，制动油管接头、制动软管接头是否渗漏（见图 4-51）。

（a）制动油管接头

（b）制动轮缸活塞

（c）制动软管位置

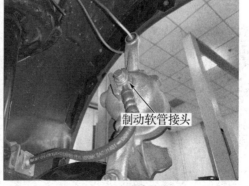

（d）制动软管接头

图 4-51　渗漏位置图

（11）检查制动盘的磨损情况。

提示：

制动盘装配好之前不能踩制动踏板。

（12）安装新制动摩擦片（见图4-52）。

（13）用制动轮缸活塞压缩钳把制动轮缸活塞压进去（见图4-53）。

图4-52　安装新制动摩擦片

图4-53　用专业工具压缩制动轮缸活塞

（14）翻回制动卡钳，旋入制动卡钳滑销螺栓（必须涂防松胶），并用27N·m的扭矩拧紧。

（15）安装车轮，旋入车轮螺栓。

（16）车辆降至地面，拧紧车轮螺栓，拧紧扭矩为90N·m。

（17）启动发动机，连续踩制动踏板多次，使制动摩擦片与制动盘之间恢复间隙。

（18）清理工具、量具，收回防护五件套，清洁现场。

5. 规范地拆装制动卡钳

（1）拆卸制动卡钳。

① 预松车轮螺栓，举升车辆，拆卸前轮。

② 用19mm内六角套筒和棘轮扳手拧下制动卡钳固定螺栓（见图4-54），取下制动卡钳（见图4-55）。

图4-54　制动卡钳固定螺栓

图4-55　取下制动卡钳

（2）安装制动卡钳。

① 安装制动卡钳。用 19mm 内六角套筒和棘轮扳手拧紧制动卡钳固定螺栓，用 105N·m 的扭矩拧紧（见图 4-56）。

图 4-56　安装制动卡钳固定螺栓

② 旋入制动卡钳滑销螺栓（必须涂防松胶），并用 27N·m 的扭矩拧紧。

③ 安装车轮，待车轮降到地面后，用 90N·m 的扭矩拧紧。

④ 对制动管路进行排气，检查制动液液面，必要时补充。

⑤ 操作完成后，清理工具、量具，收回防护五件套，清洁现场。

6. 拆装前制动盘

（1）拆卸前制动盘。

① 预松车轮螺栓，举升车辆。拆卸车轮、制动摩擦片、制动卡钳。

② 用 T30 套筒和棘轮扳手拧下制动盘固定螺钉（见图 4-57）。

图 4-57　拧下制动盘固定螺钉

③ 拆卸制动盘（见图4-58）。

图4-58　拆卸制动盘

（2）安装前制动盘。

① 按拆卸相反的顺序进行安装。用10N·m的扭矩拧紧制动盘固定螺钉。

② 用27N·m的扭矩拧紧制动卡钳滑销螺栓。

③ 用105N·m的扭矩拧紧制动卡钳固定螺栓。

④ 用90N·m的扭矩拧紧车轮螺栓。

⑤ 操作完成后，清理工具、量具，收回防护五件套，清洁现场。

7. 检查制动盘厚度

使用0～25mm的外径千分尺，在离制动盘边缘10mm处，每间隔120°测量制动盘的厚度，取3个数据中的最小值，不符合要求的需要更换（见图4-59）。

图4-59　检查制动盘厚度

8. 检查制动盘跳动量

① 在工作台上组装磁性表座。

② 将磁性表座固定在减振器上。

③ 安装百分表，表头应距制动盘边 10mm，且百分表表头与制动盘垂直（见图 4-60）。

图 4-60 安装百分表

④ 匀速转动制动盘，记下制动盘的最大跳动量。若其超出规定范围则需要更换新件。

⑤ 安装：按拆卸相反的顺序进行安装。

⑥ 操作完毕后清理工具、量具，收回防护五件套，清洁现场。

小提示：

更换新制动盘之前需要用专用清洁剂清洗表面的保护油膜，并用干净抹布擦干或用压缩空气吹干。

更换火花塞

4.3.3.6 火花塞的更换

火花塞有使用寿命，长期使用会积碳，如果不定期更换，那么发动机会出现启动困难、动力不足、油耗增加、排气超标等情况；如果火花塞坏了，汽车就不能正常使用了，需要及时更换。火花塞的更换周期一般为 2～100000km，不同材质的火花塞，更换周期不同，普通的镍合金材质火花塞使用 2～30000km 需要更换一次；铂金火花塞可以使用 6～80000km 再进行更换。当发现汽车在加速时，发动机出现不正常抖动，那很可能就是火花塞性能下降造成的。火花塞性能下降会让发动机的点火性能直线下降，会出现加速无力的情况。

（1）做好准备工作，开启发动机舱盖，安装翼子板布等（见图 4-61）。

图 4-61 防护安装标准

（2）断开点火线圈插头（见图4-62），松开点火线圈固定螺栓（见图4-63），取下点火线圈（先松动，后拔下）（见图4-64）。

图4-62　断开点火线圈插头　　图4-63　松开点火线圈固定螺栓　　图4-64　取下点火线圈

（3）用气枪清洁火花塞周边灰尘（见图4-65），用火花塞套筒扳手旋松火花塞（见图4-66），并吸出火花塞（见图4-67）。

图4-65　用气枪清洁火花塞　　　图4-66　用火花塞套筒扳手　　　图4-67　吸出火花塞
　　　　周边灰尘　　　　　　　　　　旋松火花塞

（4）用火花塞专用橡胶棒放入新的火花塞进行预紧（见图4-68），用扭矩扳手紧固火花塞（扭矩为25N·m）（见图4-69），安装点火线圈，并复位插头（见图4-70）。

图4-68　用火花塞专用橡胶棒放　　图4-69　用扭矩扳手紧固火花塞　　图4-70　安装点火线圈，并复
　　　　入新的火花塞进行预紧　　　　　　　　　　　　　　　　　　　　　　位插头

4.3.3.7　冷却系统检查

检查冷却系统

发动机正常工作，必须保持一定的工作温度，如果不采取冷却措施而导致温度过高，则

其运动机件可能因热胀冷缩、润滑油高温失效而卡死。发动机的冷却还必须适度：冷却不足，则会产生气缸充气量不足、燃烧不正常，发动机功率下降，发动机零件因润滑不良而加速磨损等问题。冷却过度，热量散失过多，有用功减少；已经混合的汽油和空气混合气也会在缸壁凝结，流入曲轴箱，增加油耗的同时会使机油变稀影响润滑，同样使发动机输出功率下降，磨损加剧。

检查内容：冷却液液位、冷却液管路、冷却液冰点和冷却系统有无泄漏。

（1）打开手电筒，照射冷却液膨胀罐，检查冷却液液位是否正常（见图 4-71）。

图 4-71　检查冷却液液位

（2）如果冷却液位低于标准液位，则应添加冷却液至标准液位。冷却液标准液位应位于最高位和最低位之间。

（3）用手触摸冷却系统管路，检查管路有无老化、变形、鼓包、磨损或其他损坏。

（4）用手轻微晃动冷却液罐（见图 4-72），检查管路是否牢固、有无干涉（见图 4-73）。

 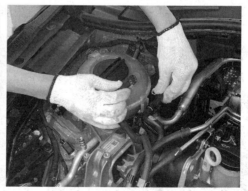

图 4-72　轻微晃动冷却液罐　　　　　图 4-73　检查管路

（5）使用冰点检测仪 T1007 或 T1007A，检查冷却液冰点。首先用蒸馏水校验冰点检测仪，蒸馏水的冰点为 0℃，校正后用抹布擦拭掉冰点检测仪上的蒸馏水。利用冰点检测仪测量冷却液冰点，在冷却液膨胀罐吸入冷却液（见图 4-74），将冷却液滴入冰点检测仪测试面板（见图 4-75），对光读取冰点值（见图 4-76），冷却液冰点正常值为-35℃（冰点检测仪属精密

汽车维护保养

量具，使用完毕应清洁并妥善保管）。

图 4-74　吸入冷却液

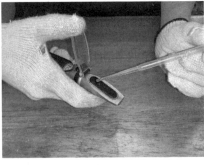

图 4-75　滴入冰点检测仪

图 4-76　读取冰点值

（6）使用冷却系统测试仪 SVW1274 检查冷却系统密封性。将冷却系统测试仪连接至冷却液膨胀罐（见图 4-77），加压至 1bar，维持 3min，压力应无明显变化（见图 4-78）。如果压力下降，则证明冷却系统存在泄漏现象，需要查找泄漏点。

图 4-77　将冷却系统测试仪连接至冷却液膨胀罐

图 4-78　保持压力为 1bar

（7）检查冷却液膨胀罐盖安全阀，先准备冷却系统测试仪组件（见图 4-79），将冷却系统测试仪连接至膨胀罐盖安全阀上（见图 4-80），加压至 1.0～1.2bar，安全阀应打开泄压。检查完毕后，拧上膨胀罐。

图 4-79　冷却系统测试仪组件

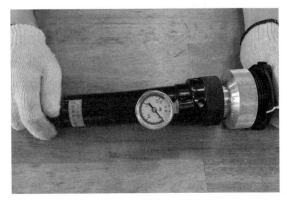

图 4-80　将冷却系统测试仪连接至膨胀罐盖安全阀上

4.3.3.8 蓄电池检查

免维护铅酸蓄电池所使用的电解液是含有硫酸的硅胶体电解液。硅胶体电解液具有腐蚀性。如果蓄电池壳体破裂，电解液流出，那么周围的电器、线路、各种管路都将受到侵蚀，后果极为严重。蓄电池正负极上的螺栓一定要按照规定扭矩上紧，不能有松动。如果连接处松脱，那么接触电阻增大，从而造成电动机启动无力或无法启动。接线柱与连接导线接头之间的两个接触表面，是否有严重氧化或污垢，若有，则连接处电阻很大，会造成电动机启动困难或无法启动，也应仔细检查。

检查内容：蓄电池正负极端子安装情况、蓄电池电量和蓄电池状态等。

1. 当常规检查蓄电池时

（1）应检查蓄电池表面有无污损、氧化、漏液、腐蚀（见图 4-81）现象。双手晃动蓄电池，检查蓄电池安装是否牢固。

（2）通过手摇蓄电池桩头检查正负极桩头是否牢固（见图 4-82），若松动，则需要用扭矩扳手拧紧，标准扭矩为 5～10N·m。

图 4-81　检查蓄电池表面　　　　图 4-82　检查蓄电池桩头是否牢固

2. 当客户有需求或汽车启动困难时

（1）应使用蓄电池检测仪，检查蓄电池状态。检查前，需要拆卸蓄电池接线柱（见图 4-83），查看并记录蓄电池相关参数（见图 4-84）。

图 4-83　拆卸蓄电池接线柱　　　　图 4-84　蓄电池相关参数

（2）将蓄电池检测仪正负极正确连接至蓄电池（见图4-85），完成连接（见图4-86）。打开蓄电池检测仪，并根据蓄电池型号进行相关参数设置。

图4-85　蓄电池检测仪正负极正确连接至蓄电池

图4-86　连接完成图

（3）首先选择电池位置为"车外"，应用场景选择为"汽车"，选择电池类型为"普通铅酸蓄电池"，选择美国标准（SAE），电池额定值选择500A，并开始测试（见图4-87）。

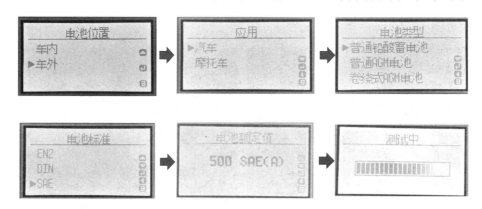

图4-87　蓄电池检测流程图

（4）根据检测报告判断蓄电池的好坏，可能的结果有三种：电池良好、电池良好需要充电、蓄电池损坏，读取并打印检测结果，向客户进行反馈（见图4-88）。

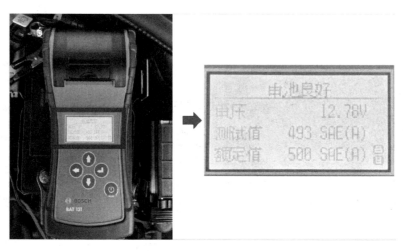

图4-88　测试结果

（5）检测完毕后，按要求安装蓄电池接线柱。

复位保养指示灯

4.3.3.9 保养周期显示器复位

当仪表出现保养提示后，进行相应的保养工作，保养完成后需要进行保养提示的复位工作，可以手动复位，也可以使用汽车故障诊断仪进行保养灯复位。

随着汽车工业的飞速发展，应用于汽车上的发动机电控系统、电控自动变速器、ABS 防抱死制动、SRS 安全气囊、电子悬挂、巡航控制等相关电子控制系统也越来越多。维修行业的故障检修方法也已由人工经验诊断发展到靠相应的仪器设备来进行诊断，尤其是某些进口高档车的电子控制系统只有靠仪器设备才能进行诊断，而在这些众多的仪器设备中我们使用的最普遍的是汽车故障诊断仪，俗称解码器。

1. 汽车故障诊断仪简介

汽车故障诊断仪是利用配套连接线与车上诊断接口（如 OBD-Ⅱ）相连，从而达到与各种电控系统控制单元（ECU）进行数据交流的专用仪器。汽车故障诊断仪通常分为原厂汽车故障诊断仪和非原厂汽车故障诊断仪两种。原厂汽车故障诊断仪是指由汽车制造厂家提供或指定的汽车故障诊断仪，如奔驰汽车用 STAR、宝马汽车用 ISTA、大众（奥迪）汽车用 VAS 5052A、丰田汽车用 TOYOTA IT2、日产汽车用 NISSAN CONSULT III 等。一般来讲，每个汽车制造厂家都有针对自己所生产的各种车系的原厂汽车故障诊断仪，以便能为自己生产的汽车提供更好的售后检测服务。而非原厂汽车故障诊断仪则不是汽车制造厂家提供或指定的，由其他仪器设备厂商生产的汽车故障诊断仪，如德国博世公司的 KT720、国内公司生产的优胜、元征等。

原厂汽车故障诊断仪是汽车制造厂家去为自己所生产的汽车来提供服务的，一般只能诊断自己的车系，不能检测其他公司生产的汽车，就像 TOYOTA IT2 只能检测丰田汽车公司生产的汽车，而对宝马、奔驰、福特、日产等车系就无能为力了。与原厂汽车故障诊断仪相比，非原厂汽车故障诊断仪一般可以检测多种不同汽车制造厂家所生产的各款汽车，如 KT720 就可以诊断欧洲的奔驰、宝马、大众（奥迪）、保时捷。但以上两种汽车故障诊断仪就总体功能来说（针对同一种车系），非原厂汽车故障诊断仪是比不上原厂汽车故障诊断仪的，就好像对于检测宝马车系，KT720 是远远比不上 ISTA 的。因为某些车系的部分电控系统非原厂汽车故障诊断仪是无法检测到的，这也是两者价格相差一定距离的原因之一。

汽车故障诊断仪最基本的功能是读取和清除电控系统故障码，而目前的汽车故障诊断仪的功能是不止这些的，一般还具有系统传感器与执行器的静态或动态数据流，具有部分执行器的动作测试功能，有的带有示波器显示功能、万用表功能和打印功能，有的带有系统控制电路图和维修指引以供参考，有的可以通过专用数据线直接和计算机相连进行数据资料的更新与升级，有些功能强大的原厂汽车故障诊断仪还能对车上系统、电控系统、控制单元进行某些数据资料的重新输入和更改等，但无论汽车故障诊断仪具有什么功能，关键都在于我们如何尽量利用其各项功能来为维修提供快捷的帮助。

2. 汽车故障诊断仪主要功能使用

（1）读取与清除故障码。

有的汽车故障诊断仪对故障码有比较详细的说明，如是历史性故障码还是当前的故障码，故障码的出现次数。如果是历史性故障码就表示故障较早之前出现过，现在不出现了，但在控制单元里面有一定的存储记忆。而当前故障码则表示是最近出现的故障，并通过出现次数来确定此故障码是否经常出现，当前故障码绝大部分和目前出现的系统故障有很大关系。另外，要注意的是对故障码的定义说明要留意清楚，是传感器或执行器自身故障（信号不正常等），还是线路故障。线路故障要分清楚是短路还是断路，是短路或断路到电源，还是短路或断路到接地等，只有清楚明白故障码的定义说明，才能更好地利用故障码排除故障，维修起来也可以少走弯路，达到快速完成维修的目的。当根据故障码排除故障后，要利用汽车故障诊断仪来清除故障码，也就是从控制单元内部存储器中清除其故障码记忆，并在发动机运转一段时间后（有条件的话可以进行路试），再通过汽车故障诊断仪来测试是否还存在故障码。对传感器和执行器的数据流分析：当下故障诊断仪都有调用控制单元数据流功能。数据流简单来说就是将电控系统的一些主要传感器和执行器的目前工作参数值（如目前转速、电池电压、空气流量、喷油时间、节气门开度、点火提前角、水温等）提供给维修者进行参考，维修实践中是可以通过阅读数据流来分析发现故障所在的，特别是当电控系统无故障码进行参考时，此时数据分析更显得重要了。其实每个传感器和执行器在一定条件下的工作参数值是有一定标准范围的，我们可以通过实际值与标准值的比较来判断某传感器和执行器是否存在异常。例如，一台宝马 B48 发动机出现启动后怠速不平稳的故障，我们可以通过阅读汽车故障诊断仪在发动机怠速时的数据流里的相关参数值来判断故障原因所在，如空气流量传感器电压是否在 1.0～1.7V；水温是否达到 70℃以上；节气门传感器电压是否在 0.35～0.65V，其怠速接点是否处于 ON 的位置；喷油器喷油时间是否控制在 2.4～3.2ms；点火提前角是否在 15°左右；怠速电动机是否运作在 2～10 步幅等。在以上数据流中如果发现任一参数值不合标准，那么可能就是故障所在的原因了。如果汽车故障诊断仪还具有打印功能，那么可以将以上各项数据值打印出来。在这里值得一提的是每种车系电控系统的各项传感器和执行器的标准参数值是不尽相同的，我们要查找相关正确的资料来进行分析比较，如没有资料可查，我们可以用汽车故障诊断仪在另外一台系统正常的同款车上读取数据流各项参数值，从而进行参考。另外，对于一些间断性故障，使用数据流分析方法也是可行的。

（2）执行器作动测试功能。

我们可以利用汽车故障诊断仪对一些执行器，如喷油器、怠速电动机、继电器、电磁阀、冷却风扇等进行人工控制，用以检测该执行器是否处于良好的工作状况，当我们在发动机怠速运转的时候对怠速电动机进行作动测试，可以控制其开度的大小，随着怠速电动机处于不同的开度，发动机怠速转速应该产生相应的高低变化，通过以上的作动测试就可以证实怠速电动机本身及其控制线路处于正常状况。同样可以在发动机运转时对燃油泵继电器进行控制，当断开燃油泵继电器时，发动机应会很快熄火。当然，不同的汽车故障诊断仪所能支持的作动测试功能是不同的，有的支持较多的作动测试功能，有的就可能比较少，但不管是属于哪种汽车故障诊断仪，我们都应尽量利用其这种功能对怀疑其工作情况异常的执行器进行作动测试，以便判断其是否属于正常工作状态。

（3）示波器功能。

因为在汽车故障诊断仪的数据流功能中，很多传感器和执行器的信号是采用电压、频率或以数字的形式表示的，在发动机实际运转过程中，由于信号变化很快，我们很难从这些不断变化的数字中发现问题所在，所以我们可以利用汽车故障诊断仪自带的示波器功能对电控发动机系统里的曲轴传感器信号、凸轮轴传感器信号、氧传感器信号、某些型号的空气流量计信号、喷油器信号、怠速电动机控制信号、点火控制信号等一系列信号，用图示波形的方式直观地提供给我们作为参考。当将所测信号波形与标准信号波形相比较时，如有异常之处则表示该信号的控制线路或电子元件本身出现了问题，需要进一步详细检查。但如果利用示波器来检查电子信号则对维修技术人员提出了较高的汽车维修理论知识要求，需要维修技术人员能熟悉被测传感器或执行器的工作、控制原理，并对示波器具有一定的操作技巧，能正确地观察波形（波峰、波幅等），否则很难利用好此项功能。

由于不同款的汽车故障诊断仪具有不同的功能，加之其他条件限制，也极少有修理厂能够拥有检测所有车系的汽车故障诊断仪，所以作为一名维修技术人员要全面掌握所有汽车故障诊断仪的使用是很困难的。但是我们必须做到对自己所在维修厂的汽车故障诊断仪或其他电子仪器有很好的掌握使用，竭力发挥其具备的各项功能，使这些高科技设备能够真正被利用起来，从而推动我们的维修水平不断进步，使自己成为一名掌握现代维修技术的合格维修技术人员。

3. 保养周期显示器复位

汽车各生产厂家不同，保养周期显示器复位的方法也不同，复位依据厂家的复位说明进行。复位步骤如下。

（1）连接解码器。连接 OBD 线束（见图 4-89），连接指示灯并亮起（见图 4-90）。

 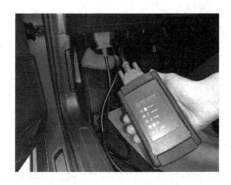

图 4-89 连接 OBD 线束　　图 4-90 连接指示灯并亮起

（2）在解码器中选择机油归零选项（见图4-91和图4-92）。

图4-91　解码器界面1

图4-92　解码器界面2

（3）根据保养类型选择小保养归零和大保养归零。

（4）进行归零（见图4-93和图4-94）。

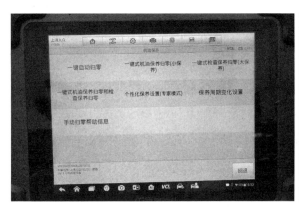

图4-93　解码器界面3

图4-94　解码器界面4

请认真阅读"4.3.3 对车辆进行维护保养"部分的内容，并完成下列各题。

一、填空题

（1）车辆进入工位前，预检工作包括准备干净的_____、_____、扭矩扳手、机油收集器、新的放油螺栓、垫片、机油及机油滤清器。

（2）打开发动机舱盖并支撑好，预检工作中要放置好前罩、_____。

（3）在预热发动机过程中，确认手动变速器处于空挡位置，自动变速器处于_____位置。

（4）空气滤清器清洁时，应取出滤芯轻轻拍打端面，用_____由里向外吹，以清除滤芯上的尘土。

（5）在检查刮水器动作行程时，若擦拭位置不够或偏移，则需要通过松开螺钉、提起刮水器臂并转动到合适位置，最后锁紧刮水器脚螺钉来进行_____。

二、简答题

（1）请简要说明为什么在车辆进入工位前要进行预检工作，并列举其中的一些关键步骤。

（2）解释为何在预热发动机的过程中要观察水温表指示数值，并说明 60～90℃的水温对发动机的影响。

（3）空气滤清器的更换周期因何而异？除了时间和里程数，决定是否更换空气滤清器的其他因素是什么？

（4）解释检查风窗玻璃清洗喷嘴喷射角度及位置的目的，以及在调整喷嘴位置时需要使用的专用工具。

（5）为什么火花塞具有使用寿命？简要说明火花塞使用寿命过长可能导致的问题，并提及火花塞更换的一般周期。

4.4 计划与决策

4.4.1 制订对车辆进行维护保养工作计划

请回顾任务情境，应用本单元学到的知识和技能，制订对车辆进行维护保养工作计划，为实车操作做准备。

对车辆进行维护保养工作计划

客户需求描述：

人员分工：

负责人：

操作员：   记录员：

安全员：   质检员：

双人协作要点：

任务计划完成时间： 分钟	任务实际完成时间： 分钟

汽车维护保养

续表

一、车辆基本信息			
车型		VIN 码	
人员分工			

二、工具设备准备

□车外防护用品　□车内防护用品　□清洁用品　□车钥匙　□车轮挡块　□尾排

三、操作项目

步骤	操作要点及注意事项	人员具体分工	操作情况记录
1. 环车检查			□完成
2. 车身防护			□完成
3. 安放车轮挡块			□完成
4. 连接尾排			□完成
5. 发动机舱内检查			□完成
6. 轮胎检查			□完成
7. 灯光检查			□完成
8. ACC 挡检查			□完成
9. 发动机运转时检查			□完成
10. 刮水器检查			□完成
11. 空调系统检查			□完成
12. 诊断器检查			□完成
13. 车辆部件检查			□完成
14. 汽车门锁、刮水器维护与保养			□完成
15. 更换机油及机油滤清器			□完成
16. 车轮的拆装			□完成
17. 车轮动平衡			□完成
18. 制动器的维护与保养			□完成
19. 空气滤清器滤芯的检查与更换			□完成
20. 火花塞的更换			□完成
21. 保养周期显示器复位			□完成

四、维修建议

178

4.4.2　确定任务实施内容及步骤

请向客户/维修师傅展示工作计划，确认任务计划的可实施性，征询他们的意见和建议，并修订工作计划（包括有几种维修方式供选择，是否有可做可不做的检修项目，各有什么优缺点，是否考虑工作步骤的正确性、规范性和合理性，以及工作过程的安全性、环保性，是否考虑经济效益、工作效率、美观性和便利性等）。

展示对象：□客户　　　□维修师傅

工作计划展示的顺序及要点（用关键词的方式书写）：

客户/维修师傅的意见和建议：

工作计划的可实施性：　　　□可以实施　　　□不可以实施

建议：

4.5　任务实施

4.5.1　对车辆进行维护保养安全注意事项

在进行灯光检查的过程中，一定要确保以下操作，保证操作安全。

（1）挡位应处于空挡位置，拉紧驻车制动操作杆。

（2）安装车轮挡块、尾排。

（3）启动车辆时车前确保无人。

（4）挂入倒挡（R 挡）时一定要踩住制动踏板（自动挡）/不能松离合（手动挡），直到重新挂入空挡（N 挡）。

4.5.2　车辆保养实车操作

请严格按照工作计划进行实车操作，做好操作记录。

1. 环车检查

车辆识别号：＿＿＿＿＿＿＿＿＿＿　　　　行驶里程：＿＿＿＿＿＿＿＿＿

检 查 项 目	检 查 结 果	维 修 建 议
车身		
车漆		

2. 车辆防护

□座椅罩　　□转向盘罩　　□地板垫　　□翼子板布　　□前罩　　□车轮挡块　　□尾排

3. 发动机换油记录

本次换油里程：＿＿＿＿＿　　换油日期：＿＿＿＿＿　　次换油里程：＿＿＿＿＿

机油型号与级别：＿＿＿＿　　标准加注量：＿＿＿＿　　实际加注量：＿＿＿＿

4. 更换机油机滤评价表

序　号	考核项目	标　　准	分　值	评　分
1	安全问题	人身安全事故、设备重大事故，恶意顶撞考官、严重扰乱考试秩序，立即终止考试，此题记0分		
2	文明操作	穿工作服	4分	
		油、水未洒落地面，零件清洁	2分	
		垃圾处理干净	3分	
		竣工后清洁工具	3分	
		服从考官，文明用语	10分	
3	准备	汽车进入工位前，将工位清理干净	4分	
		将其车停在举升机中央位置	4分	
		安装防护五件套	2分	
		拉紧驻车制动操纵杆，将变速器杆置于P、N挡	2分	
		将汽车发动机舱盖打开	2分	
		安装翼子板布和前罩	4分	
4	更换机油	将机油收集器推到车辆前方	2分	
		将机油收集器放置在发动机油底壳正下方	4分	
		拧松机油放油螺栓	4分	
		一只手拿抹布，另一只手旋下机油放油螺栓	4分	
		取下螺栓和垫片，排放机油	2分	
		观察机油排放口滴油情况速度小于1滴/s	4分	
		更换机油放油螺栓垫片，用手将螺栓完全拧入	2分	
		用专用工具将机油放油螺栓拧至规定扭矩	4分	
		将机油收集器降下，把机油收集器推到车前方	4分	
5	更换机滤	从工具箱中拿出适当的套筒用接杆连接到合适的长度	2分	
		将套筒套到机油滤清器上，用力拧松	4分	
		用手慢慢拧下机油滤清器	2分	
		在新的机油滤清器密封圈上涂一层机油，拧回发动机上	2分	
		用扭矩扳手拧至相应的扭矩	3分	
6	加注机油	将机油加注口盖拧下放到工具车上	3分	
		从工具车上拿来一壶机油，打开机油壶盖	2分	
		将机油壶口对准发动机机油加注口，慢慢倒入发动机机油	2分	

续表

序　号	考核项目	标　　准	分　值	评　　分
6	加注机油	在加注机油时，注意加油量	2分	
		完成机油加注后，盖好机油壶盖	2分	
		抽出机油尺，检查发动机机油液面高度是否合适，合适之后再盖上机油加注口盖	4分	
		操作完毕后，整理工具和设备、清洁场地	2分	
7	总分			

4.6　任务评估

4.6.1　任务完成质量检查

请进行最终任务检查，进行标记，并说明检查结果。

任务实施操作过程检查结果如下。

存在的问题：

处理意见：

改进措施：

任务实施检测结果如下。

存在的问题：

处理意见：

改进措施：

4.6.2　工位 5S 检查

请在实操结束后对工位进行 5S 检查，进行标记，并说明检查结果。

车辆□　　　工位□　　　　场地□

存在的问题：

处理意见：

改进措施：

4.6.3 任务完成安全隐患排查

请对操作过程和操作结束后车辆存在的安全隐患进行排查，进行标记，并说明排查结果。

操作过程□ 车辆□

存在的问题：

处理意见：

改进措施：

4.6.4 完善改进工作计划

请根据实际对车辆进行维护保养工作，完善改进工作计划（以其他颜色的笔在工作计划上标注和补充即可）

4.7 任务反思

4.7.1 撰写对车辆进行维护保养报告

请按照下表要求撰写对车辆进行维护保养报告。

对车辆进行维护保养报告

一、车辆基本信息
二、检查项目
三、检查过程分析

续表

四、维修建议
五、检查心得

4.7.2　任务总结与思考

1．请回顾"对车辆进行维护保养"的学习和工作全过程，想想你有哪些收获和需要改进的地方。

序　号	项　目	收　获	需要改进的地方
1	素质		
2	知识		
3	技能		
4	其他		

2．请写出在本次学习过程中你最值得别人学习和最需要向别人学习的方面。

3．针对上表中还需要改进的地方，你有哪些针对性措施？

4.8　单元测试

一、选择题

1．在车辆达到一定的里程后，为了提醒车主进厂保养，在仪表板上显示特定"符号"的指示灯称之为（   ）。

  A．危险警告灯   B．保养周期显示器或保养灯

  C．故障灯或保养灯   D．维修指示灯

2．当汽车需要进行维护保养时，汽车仪表盘上的保养周期显示器会（   ）。

  A．在点火开关打开后一直闪烁

  B．在点火开关打开后不断闪烁，并在车辆启动后熄灭

  C．不管点火开关是否打开都在不断闪烁

  D．在车辆启动后不断闪烁

3．在实施定期维护保养时，一定要先进行（   ）。

  A．更换机油机滤   B．发动机舱内检查

  C．自诊断（读取故障码）   D．保养周期显示器复位

4．进行车辆自诊断的工具是（   ）。

  A．解码器   B．万用表   C．扭矩扳手   D．示波器

5．旧机油要（   ）进行处理。

  A．回收   B．倒到下水道中

  C．埋到土中   D．收集到相关容器中

6．排放机油时，应（   ）。

  A．先放好旧机油收集器   B．先举升汽车

  C．先拧下机油加注口盖   D．先拧下放油螺栓

7．盘式制动摩擦片的磨损极限值是（   ）。

  A．不带底板 7mm   B．带底板 7mm

  C．不带底板 4mm   D．带底板 10mm

8．拆装发动机火花塞应用（   ）。

  A．火花塞套筒   B．套筒   C．开口扳手   D．梅花扳手

9．试验发动机时，（   ）在车下工作。

  A．可以   B．必须   C．不得   D．不必

10．检查轮胎气压应在（   ）。

  A．汽车行驶前   B．汽车行驶中

  C．汽车行驶后   D．以上都应该进行

11．在拧松螺栓的作业中，应首选（   ）工具。

  A．开口扳手   B．梅花扳手   C．套筒扳手   D．活动扳手

12．如果对冷却系统进行检漏，则需要进行加压，选用的工具为（   ）。

  A．打气筒   B．冷却系统测试仪

  C．空气压缩机   D．真空泵

13．对汽车故障诊断仪描述正确的是（　　　）。

　　A．汽车故障诊断仪最基本的功能是读取和清除电控系统故障码

　　B．还具有系统传感器与执行器的静态或动态数据流，具有部分执行器的作动测试功能

　　C．有的还带有示波器显示功能

　　D．部分带有万用表功能和打印功能

14．对于制动管路油液渗漏的检查有（　　　）。

　　A．管路连接部分渗漏　　　　B．软管扭曲　　　　C．开裂　　　　D．磨损

二、判断题

1．当汽车需要实施定期维护保养时，汽车仪表盘上的保养周期显示器就会长期被点亮。
（　　　）

2．机油滤清器与液压滤清器可以互换使用。（　　　）

3．保养周期显示器复位的方法，可以手动复位，也可以使用汽车故障诊断仪进行保养周期显示器复位。（　　　）

4．空气滤清器能够引入清洁的空气，并减小发动机的吸入噪声。（　　　）

5．燃油滤清器能够保护燃油系统不受污染物及杂质的影响，但一定不能除湿。（　　　）

6．拆卸车轮的四个螺母应按照十字交叉的顺序。（　　　）

7．内部滤清器用于过滤进入车内的空气，不让灰尘、花粉和有害气体进入车内。（　　　）

8．检查制动液的液位时，若发现液位下降，则可判定制动液是从液压制动系统中泄漏的。
（　　　）

9．拉出机油尺，只要看一下机油油量就可以确定机油液位。（　　　）

10．为保持蓄电池的良好工作状态和寿命，应定期检查蓄电池的液位。（　　　）

三、简答题

1．简述解码器读故障码的过程。

2．简述更换机油机滤的过程。

3．简述更换空调滤芯的过程。

4.9 知识拓展

了解大众汽车常规保养项目，并根据学习内容撰写保养计划。

序　　号	保 养 项 目	建 议 周 期
1	汽油添加剂（J17）	从新车开始使用，每个保养周期内最少连续使用 3 瓶
2	磨合期保养	新车行驶到 2000km 左右进行保养
3	常规保养	建议每 5000km 保养一次，若行驶里程较少，则建议每半年保养一次
4	空调滤芯/空气滤清器滤芯	每 15000km 更换一次
5	汽油滤芯（迈腾、CC、TSI）	每 55000km 更换一次
6	汽油滤芯	每 15000km 更换一次
7	手动变速箱油	每 2 年或 60000km 更换一次
8	自动变速箱油	每 55000～60000km 或 4 年更换一次
9	原厂玻璃清洗液	定期添加（根据使用情况）
10	火花塞	TSI 发动机：每 20000km 更换一次 非 TSI 发动机：每 30000km 更换一次
11	制动液	每 2 年更换一次
12	助力油	每 2 年更换一次
13	冷却液	建议每 2 年更换一次（冰点低于-25°时需要更换）
14	正时皮带/张紧器	每 6 万（5V）或 8 万（2V）千米更换一次
15	水泵	每 6 万～8 万千米更换一次
16	刮水器	每 6 个月更换一次
17	多楔皮带	每 3 万千米或 2 年更换一次
18	蓄电池	每 3 年或 10 万千米更换一次
19	轮胎	每 3 年或 6 万千米更换一次
20	平衡轮胎	每 6 个月或 15000km 更换一次
21	四轮定位	每 12 个月或 2 万千米更换一次
22	安全气囊	每 10000 千米检查一次

反侵权盗版声明

电子工业出版社依法对本作品享有专有出版权。任何未经权利人书面许可，复制、销售或通过信息网络传播本作品的行为，歪曲、篡改、剽窃本作品的行为，均违反《中华人民共和国著作权法》，其行为人应承担相应的民事责任和行政责任，构成犯罪的，将被依法追究刑事责任。

为了维护市场秩序，保护权利人的合法权益，我社将依法查处和打击侵权盗版的单位和个人。欢迎社会各界人士积极举报侵权盗版行为，本社将奖励举报有功人员，并保证举报人的信息不被泄露。

举报电话：（010）88254396；（010）88258888

传　　真：（010）88254397

E-mail：　dbqq@phei.com.cn

通信地址：北京市海淀区万寿路 173 信箱

　　　　　电子工业出版社总编办公室

邮　　编：100036